マネーの精神！

〈心の座標軸〉で読む人類の未来

本間 裕
Honma Yutaka

社会評論社

はじめに　2010年の世界を読むために

世の中というのは、

「一体、どのようなメカニズムで出来あがっているのか？」

それが私の疑問の始まりであり、そのことに悩み、長いあいだ考え続けてきた。

株式投資の実践の場に身をおいていると、世の中の不思議な出来事に遭遇することが多い。

そのたびに人間社会の仕組みとその動きの底のほうに――漠然とではあるが――なにかある一定の「法則」がはたらいているのではないか、と感じるようになった。

その正体を知りたいという思いが強くなり、専門の金融・経済学以外にも、歴史や哲学などの本も読みあさってきたのだが、ここにきて、ようやく人間がつくりだしている「世界」というものが、くっきりと見えてきた気がする。

いうまでもなく、世の中は一日としておなじ日はなく、つねに変化している。「いま」という時代も、突然、ぽっかりと浮かび上がったわけではもちろんない。歴史があり、その流れ（サイクル）のなかに「生」を受けた私たちが「現在《いま》」という時代を生きている。

将来、何が起こるのかはだれにもわからないが、すでに起こった結果から、ものを言うのは簡単である。だが、「これから起こる事態」について、責任をもって答えるのは容易なことではない。

私はファンドマネージャーとして、お客さまの大事な「お金」を預かり、それを投資（運用）するにあたって適切なアドバイスを与えるという仕事に毎日たずさわっている。

そして、つねづね思っていたのが、

「一か月後の新聞を、いま読むことができたら……」

ということであった。

しかし、そんなことができたら、私たちなど必要ないのである。

「株」は世の中をうつす鏡である。

刻一刻と変化する世の中をみすえ、そのプロセスと流れを確実につかみ「タイミング」を逃すことはできない。ほんらい「投機」という言葉が意味するように、機《ヽ》というタイミングを見分けるのが投資の基本である。が、これを極めるのは、もちろん生易しいことではなかった。

$ 肩書き〔MBA〕で株の世界は渡れない

大学を卒業して証券会社で働き始めてから、私が最初に出会ったのが投資を分析する西洋の学問（方法論）だった。

社命で、1981年から83年までアメリカのビジネス・スクールで2年間学ぶ機会をあたえられたのだが、そこで驚いたのは、徹底的に「数字」で検証するという西洋人の相場にたいする態度、姿勢であった。

そのおかげで、日本的な「曖昧な考えかた」からは脱却できたのだが、現在のようすを見ていると、逆に「数字」に頼りすぎて統計学的な考えかたに過度の信頼をよせる人が多すぎるのではないか、という感を否めないでいる。現在では、経済統計の「数字」は実態を正確には表わしていない（あまりアテにならない）場合さえあると、いまの私は考えているのである。

この点については、時価総額の「落とし穴」が好い例である。

日本の「土地バブル」のときには時価総額は2500兆円にまで達したといわれた。

ところが、「現実」をよく見てみると、実際に売買されたのは全体の2～3パーセントの土地に過ぎず、一部の土地が値上がりしただけの話であった。だが、統計数字のうえでは全体の土地が値上がりしたと「錯覚」され、前記のような膨大な「時価総額」ができあがってしまったのである。

このような錯覚は、現在、いろいろなところで起きている。ようするに「統計数字」が一人歩きしている場合が多いのである。

もうひとつ西洋の学問（セオリー）に不満だったのが、実際の相場への応用のむずかしさであった。とくに一番大切な「タイミング」をはかるというときには、はっきり言ってほとんど役に立たなかったといってよい。

投資の基本はタイミングにあることはいうまでもない。

「機を見て敏」が要求されるわけだが、この点からいえば、モダン・ポートフォリオ理論（MPT）にしても、西洋人の学問はまだまだ不完全であるといえるだろう。

結局、アメリカでノイローゼになりかけながらも猛勉強に耐えて、せっかくMBAは取得してみたものの、それは投資哲学の世界へのほんの「始まりの時」にすぎなかったのである。

（ただし余談ながら、アメリカの経済書には好感をもつことができた。それは、だれにでもわかる言葉で書かれていて、おなじ書物なのに日本語に翻訳されると、どうしてこうも難解な学問書になってしまうのか不思議でならない。このことが、いまの日本の経済学に人気が集まらない理由の一つなのではないか。実践への適用が難しいだけでなく、その入り口にすぎない「読む」ことそのものが難し

いというのでは、これからの若い人たちに「理解しろ」というほうに問題があると思う）

$ タイミングをまなぶ参考書

その後も、私は西洋の方法論の研究を一〇年ほど続けていたが、徐々に東洋の学問に魅かれていった。それは「四柱推命《しちゅうすいめい》」と「易経《えききょう》」とよばれる分野であり、これを学びながら「タイミング」について独自に考え始めたのである。

とくに「十干十二支《じっかんじゅうにし》」を中心に、実際の株式市場に数字をつかって応用・検証してみると、西洋の方法を学んでいたときとは違って「これほど面白いものはない」と感じるようになった。

東洋の学問から教えられたものを一言でいえば、

「世の中にはきわめて単純なサイクルが存在する」

ということである。

本書でくわしく述べるように、「60年サイクル」をつかえば、二〇世紀に起こった出来事は、ほぼ理解することができ、納得がゆく。そして、これから起こる事態をも的確に予想することができるのである。

ただし、難しかったのが「易経」であった。

西洋の理論とおなじように、はじめは、ほとんど実践への応用は困難であった。そのために、この易経の世界にのめり込んで一〇年ほど苦しむことになったが、同時に悩んだのが「十干十二支」という60年サイクルの限界であった。

この業界に身をおいていると、ほんらいの仕事のかたわらで、

「資本主義社会とは、いったい何なのか？」

という、いわば哲学的・思想的な疑問が時折、頭にうかかんで心を悩ますときがある。

それは、いまの私たちの社会がどのようにして出来あがったのか、いまどうなっているのか、これからどうなっていくのか……というテーマになるのだが、その資本主義の成り立ちとその後の展開について「60年サイクル」だけでは説明がつかない、という点で行きづまったのである。

資本主義が始まってから約二〇〇年という時間がたっており、商品経済の始まりまで遡れば、実に数千年の時間が流れてきた。その間の人類のいとなみを、60年サイクルだけで完全に把握（理解）するには無理があったのである。

と同時に、西洋、東洋にかかわらず、そこで何よりも悩んだのが、

「お金とは、一体何なのか？」

という大問題であった。六〇〇〇年とも八〇〇〇年とも言われる「お金」（貨幣）の歴史を考

えるとき、単純なサイクル理論だけでは「お金」をめぐる人々の行動（生産活動・消費行動）の説明がつかなかったのである。

そんなときに出会ったのが「文明法則史学」であった。

この学問は、村山節氏が独自に切り開いた学問であり、まだ世評はそれほど高くはないが、「世の中は、確実に、この法則どおりに動いている」と、いまの私は心の底から感じるようになった。

この学問の応用によって、ようやく「資本主義の時代」「ルネッサンス時代」「ビザンティン文明」というそれぞれの時代（人類が生みだした象徴的な社会）の人々の興亡について納得のいく理解が得られたのである。

残る問題は、「なぜ、このような変動が起きるのか？」という疑問であった。

$ 「心の座標軸」がすべてを教えてくれる

その答えは、人間の心（こころ）であった。

人を動かすものは、好奇心や関心であり、結局は「心の方向性がすべてを決める」という結論に落ち着いたわけだが、このときに気づかされたことを整理したものが「心の座標軸」という考えかた（方法論）である。

「人間の心の動きは〈見えるもの〉と〈見えないもの〉そして〈他人〉と〈自分〉とのあいだを右回りに回転している」

というのがその結論であるが、唐突にそういわれても、読者は何のことだか見当がつかず、戸惑うばかりであろう。そんな話と投資の方法とがどうして結びつくのか、と。

ところが、この「心の座標軸」をつかえば、世の中で起こってきたこと・これから起こるであろうこと・株式の動きが、不思議なほどピッタリ符合して説明がつくのである。

２００５年という「現在」は、実体経済（人々の暮らしにむすびついた経済）をはるかに超える「マネー経済」が人々を翻弄し、ギャンブル・エコノミーが人間を支配している時代である。実体経済のじつに一〇〇倍にも膨れ上がったマネー経済の中心には、デリバティブとよばれる「金融派生商品」があり、お金がお金を生みだすという、いわば究極の商品が８０年代の「土地」に代わって、とんでもないバブルを生みだしたのである。

しかし、どんなバブルも「はじける時」は、かならずやってくる。

それは世の中の厳然たる法則である。デリバティブ・バブルが早晩はじけて、極論すれば、国債も紙幣もタダの紙切れ同然になる時代が２０００年代の初頭（２００５〜２０１０年）であることは、もう間違いない。

本間理論

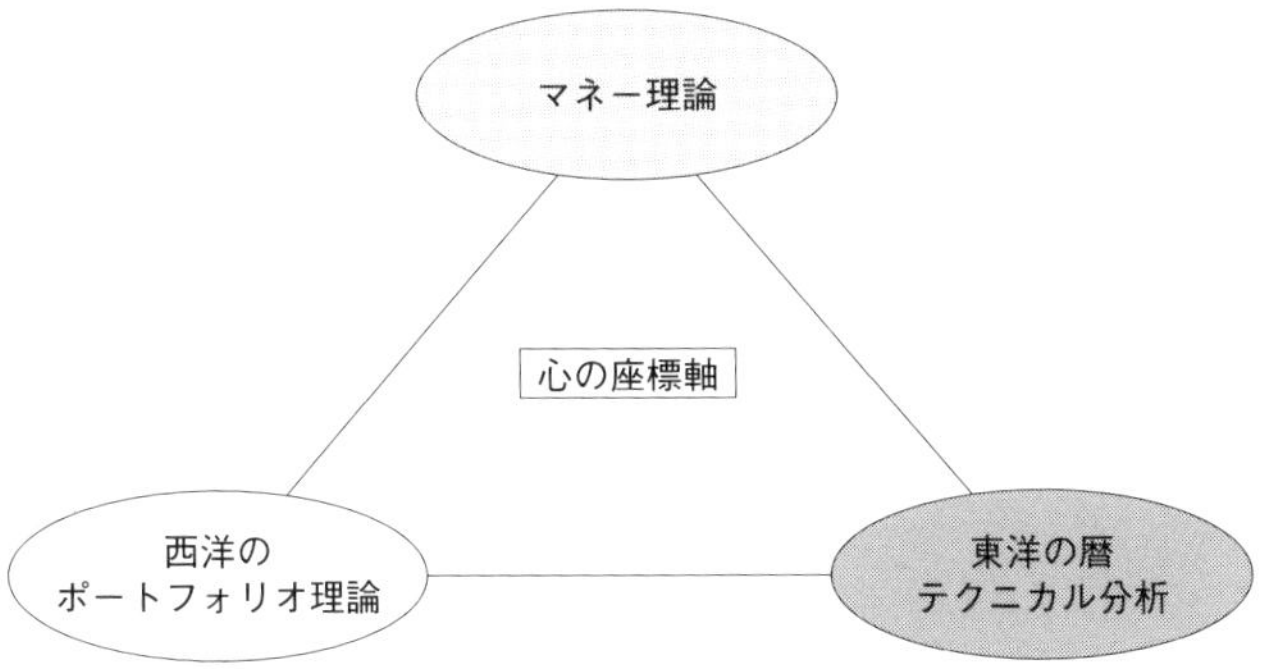

実体経済とマネー経済

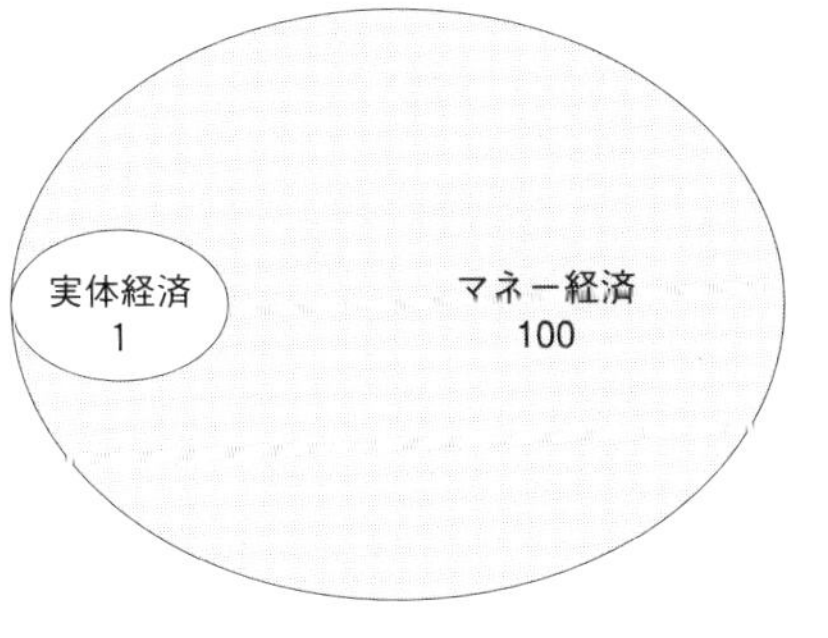

洋の東西を超克し「心の法則」を解明する本間理論

デリバティブ・バブルの大膨張は、もはや弾ける直前である。実体経済の実に100倍にも達するマネー経済（ギャンブル・エコノミー）の破裂は私たちの生活をどのように変えてしまうのか？

そのときになって人々は、はじめて実感することになるだろう。現代のお金とは、しょせんはコンピューターのなかの単なる「数字」でしかなかったことを。そして、それを裏づけていたのは人々の信頼と幻想だけであり、そのほかの根拠は何もなかったということを。だからこそ、その「信頼」が崩れたときには、あらゆる分野で金融崩壊の波紋がひろがっていくのは必至なのである。

人が最大の信頼を寄せていたものが「あわ」と消えるとき、どのような状況が訪れるのか。私たち日本人は、すでに六〇年前にそれを一度経験しているはずである。

本書で考えたいのは、それに至るプロセスで「何が起ころうとしているのか」についてである。もはや「破綻」などという生易しいことばで表現される状況ではない。「崩壊」「破滅」ということばがふさわしいほどの危機的状況であり、大転換期なのである。

そもそも、ここに至った問題の原点はどこにあるのか?

「お金は、一体どうなってしまうのか」

いま、多くの人が不安に思い、知りたいと思っている「経済」のゆくえは、すべて「お金」にたいする正確な理解がなければわからない。そのことを私は最初に述べておきたいと思う。

私は学者ではないが、世の人々の経済「活動」を、そのときどきの人々の息吹を感じ、その表情をみつめながら考えてきた。お金とは何か。売れる商品とは、儲かるとはどういうことか。

人は何のために働くのか……。

本書は投資のための実践書であると同時に、私の「経済学」報告書でもある。これまでの用語でいえば、それぞれのテーマは、貨幣論、商品論、労働価値説、現状分析論といったジャンルにあたるのであろうが、あまり複雑に、むずかしく考える必要はない。あらゆる人間の知恵もその遺産(学問)も、結局は「人を活かす」ためにあると思っているので、いまの私は学者と張り合おうとはさらさら思っていない。私がこれまでに興味をもち、私なりに学んできた足跡(レポート)を、読者の前に提出するだけである。

ぎりぎりにまでふくれ上がったデリバティブの大膨張は、もはや「はじける」しか残された道はない。その資本主義の最終段階ともいうべき「いま」という時代に「生」をうけている私は、日本社会と人類の行くえ(未来)を、私なりに考えだした「心の座標軸」をつかってじっくりと検証し予想してみた。

高度経済成長をとげ、バブルを経験した後の二十一世紀の日本は、崩壊寸前の危機の時代にある。そこで最後に残るのは「希望」なのか「絶望」なのか。読者諸氏もその選択のために、この本から何かを引き出し、何かを感じ、何かの役に立てていただければ幸いである。

マネーの精神！／目　次

第一章　マネーの狂宴が終わるとき【デリバティブ「崩壊」から始まる新しい時代】　23

第三章　心の座標軸と世の中のサイクル【暦（こよみ）が私に教えてくれた秘密】

第四章 パンドラの箱に残ったもの【100年後の世界の人々へ】 199

第一章　マネーの狂宴が終わるとき

【デリバティブ「崩壊」から始まる新しい時代】

敗戦から六〇年の歳月が流れた。

現在の日本の状況は、空襲で焼け野原になった頃とよく似てきているのではないか。

昭和２０年（１９４５）３月１０日、東京大空襲。

六〇年前の人々は、まさか日本が戦争に負けるとは思ってもいなかった。

それで「お国のため」といいながら、せっせと「戦時国債」を買い付けていたと言われている。これは、まさに「いまの状況」そのものではないだろうか。

しかし、当時の人々は、ほんとうに喜んでお国のために国債を買っていたのだろうか。

そうではないだろう。国債を買ったのは、お国のためというより、自分の財産を保全するためには他に方法がないと思っての行動だったはずである。

当時の人々の多くは、

「日本が戦争に負けるはずがない」

「だから国債が一番安全なのだ」

という考えを疑わず、それがタダの紙切れになろうとは、夢にも思わなかったに違いない。

軍による強制的な割り当てもあったといわれるが、そのなかでも先を見通すことのできた人たちは、割り当てられたものを安い値段で叩き売ったとも言われている。

だが、多くの人の頭の中を支配していたのは、

「まさか国債や預金がパアになるはずがない」

「いままで大丈夫だったのだから、これからも大丈夫だ」

という短絡的な考えだったのである。

もちろん、現在ではその結末はだれもが知っている。昭和20年（1945）8月15日、敗戦により国債や預金は、ほとんど価値がゼロになってしまった。

しかし、予兆（サイン）は、どの時代にも必ずある。東京大空襲の3年前の1942年4月18日には、すでに帝都（東京）もアメリカの飛行機により初空襲を受けていたのである。

そこではふたりの少年が犠牲になった。そして、この事件についてある作家が、「一羽の燕が飛んで来たからには、つぎつぎに現われるのはわかりきったことではないか」と、戦後に書き残している（野上弥生子『迷路』）。

初空襲の成功は、同時にアメリカ軍に日本の本土防衛のもろさを知らしめることになり、日本はあわててミッドウェーやガダルカナルへと作戦をすすめたが、結果は大敗北であった。

そして、その後に起きた東京大空襲では、三〇〇機以上の航空機による爆撃により、二十三万戸が消失し、八万人以上もの尊い人命が失われたのである。

＄ 大空襲をよぶ一羽のツバメ［みずほ銀行ＡＴＭ事件］

東京初空襲から、ちょうど六〇年後の２００２年４月に起きたのが、みずほ銀行のＡＴＭシステム障害であった。

この事件が、これからの時代を予測するうえで、私たちに大きな示唆を与えてくれている。

それは金融界における「大空襲」である。現在の「お金」を支えている根幹にかかわる大事件の「始まり」として、後世の人々は、この事件をふり返ることになるだろう。

なぜなら、この事件は、コンピューター社会の「もろさ」と現代のお金の「危うさ」が同時に現われ出た事件だからである。

みずほ銀行のオンライン・システムに故障が起きたときには、危うく大混乱を招くところであった。コンピューターネットワークが使えなくなり、銀行員が直接人の手で現金を「配達する」という事態になったわけだが、そのときの「コスト」はどれぐらいかかったのであろうか？詳細は明らかではないが、コンピューターネットワークを使用する場合にくらべて、とてつもない費用がかかったことは想像に難くない。

たとえば、一億円のお金を「配達するコスト」を考えてみると、コンピューターネットワークの場合には、ほとんど費用はかからない。ＡＴＭシステムの維持費、電気代ほか微々たるものである。しかし現金を「配達する」となると、そうはいかない。輸送、警備のための人件費・保険の費用等がかかると同時に、時間的にも大きなロスが出てくる。まして海外の取引相手との決済ほか、あらゆる場合を考えてみると、これらのコストは想像もできないほど膨大なものになるだろう。

このように過去三〇年間のコンピューターネットワークの普及により、お金の輸送コストは大幅に減少したのだが、その結果として、コンピューターマネーや金融派生商品（デリバティブ）が大膨張することになった。

その理由は、世界中の人たちが「お金」に対して「絶対の信頼」を置いたからである。

しかし、そのお金に対する「信頼感」が、いま失われ始めている。そして前記のように「お札」は、コンピューターネットワークのなかを流れることができないのである。現在でも、しばらくすると国債や預金がタダの紙切れになると考えている人は、ほとんどいないだろう。

「いままで大丈夫だったのだから、これからもそんなことが起きるはずはない」と多くの人が考え、自分の財産を保全する手段にアタマを悩まし、汲々としているのである。その結果、現在の低金利状態が生みだされているわけだが、状況は六〇年前とさほど変わらない。人々がお金の本質に気づかないうちは(痛い目をみて気がつくまでは)、本当の危機を感じないからである。

＄　戦後六〇年という時間のなかで

東京が大空襲にさらされるまでの数年間、日本人は悲惨であった。軍隊は壊滅的な状況にあり、本土空襲も始まったというのに、ウソをならべ続けることしかできなかった政府・大本営は、まったく逆の発表をして人々の目を眩ました。その後、ついに「一羽のツバメ」はB29の大編隊となって飛来してきたのであった。

倒産寸前の企業が粉飾決算を公表して会社の延命を図ろうとするのも、この大本営の心理とおなじものである。だが、企業は倒産しても一企業の命運にしかすぎないが、国家の場合には「国」を滅ぼし、国民を苦難のどん底におとしいれるのである。それが実際におこなわれたのが、つい六〇年前の出来事であった。

戦争と、金融敗戦前夜の混乱という違いはあるものの、現在の状況をみれば、政府のいうことは「大本営発表」とあまり変わらないのではないか。

日本の国家財政は終末的状態（破産寸前）にあるというのに、数年前の「青木建設の倒産」事件では、それが「改革の成果」だったというのだから驚いてしまう。そして、現在では債務超過の企業に血税をつぎこみ、自由競争を阻害することが改革の成果になってしまっているのである。

いっぽうでは、その陰に大きく横たわっている肝心かなめの「国債の問題」については、ほとんど触れられていない。これは、太平洋南方の玉砕事件を報道せず、敵機を一機撃墜したことを針小膨大に報じていた当時と、基本的に「変わっていない」としか言いようがないのである。

ちょうど六〇年前、昭和18年から20年にかけて、軍部による「大本営発表」が繰り返された。事実とまったく異なる発表が国民に伝えられ、人々はその言葉を鵜呑みにして愚行を繰り返すことになった。いまの時代から見れば、当時の人々はあまりにも無知蒙昧だったようにも思えるが、現在の日本人（国民）もあまり変わっていないのではないか。

2003年9月、一〇年国債の入札において、ひじょうに不可解な現象が起きた。

1兆9000億円の入札のうち、8000億円分が「買い手が不明だった」というのだが、これはどういうことなのか。だが、そのことを国民のだれも追及しようとはしないのである。

$ 病んでいる「お金」がもったいない!

2000年代も数年がたって、景気がよくない。

いまの日本経済の混迷は、一言でいえばお金が回転しないことである。

人々がお金をしっかりと握って離さないために、お金じたいが滞ってしまい、活気をなくしている。

これくらいのことは多くの人が知っているし、政府も識者（といわれる人々）もそのことを指摘し、さまざまな本も出ている。だが、問題なのは、もっと根底に潜んでいる人々の心の「闇の部分」である。その「心」の方向性が、

「病んだ経済状況を生み出している」

ということに気がついている人が、どれくらいいるだろうか。

日本には「タンス預金」だけで50兆円以上もあると言われている。しかし、そのお金の回転率はゼロである。後生大事に金庫に入れられたまま、世の中から隔離されてしまい、まったく出番がない。まるで入団当時に二軍でくすぶっていたイチローとおなじ状態である。

だが、どんなに価値のあるものでも、実際に使われなかったら役に立たず、時間と共に「お蔵入り」してしまう。実に、もったいない話である。

人間の心理作用には、

「大切だと思うものは手もとに置いて、要らないと思うものを手放す」

という単純なはたらきがある。

何が大切なのかは、個人の価値観によりまったく違ってくるのだが、いまの世の中は、ほとんどの人が一番大切なものは「お金」だと思い込み、自分の手から離さないようにしている。その結果、お金の回転率がきわめて低くなり、全体の景気の低迷につながっているのだ。

昔の人は「金は天下の回りもの」と言った。

お金は使ってこそ価値があると、ちゃんと理解していたのである。

もちろん「宵越しの銭を持たない」などという無謀な使いかたを奨めていたわけではない。お金を有効に使えば景気が好くなり、まわり回って自分のところへ帰ってくるというお金の性質を、昔の人はすでに見抜いていたのであった。

「お金が回転する」

ということは、新たな「需要」が生まれることを意味している。

お金を物に換えることは、その商品に「買い手」が現われるということである。

そして、この積み重ねが、景気全体を刺激していくのであるが、この基本的な仕組みを、いまの日本人はすっかり忘れてしまったようだ。

イチローは、いざ使われてみて大活躍すると、日本には満足できなくなり、より高い境地をめざして、新たな世界へと進出していった。私が幼いころには、日本の野球選手がアメリカで活躍することなど夢にも考えられなかったことである。当時のプロ野球界での助人はつねに外人選手であった。このこと一つをとっても「変化」というのは、われわれの想像をはるかに超えるものであることがわかる。

はたして、日本のタンス預金（お金）はどこへ行くのか。イチローのように世に出て使われ始め、予想以上の大活躍を見せ、国内には満足せずに海外へと羽ばたいて行くのだろうか。あるいは逆に、１９８０年代の中南米や９０年代の東欧諸国のように、あっというまにハイパー・インフレを起こして「崩壊」する事態にまで発展してしまうのだろうか。

いまが、大きな転換点である。

後述のように、お金とは、つまるところ「信用」にすぎない。人々が一万円札を信用できなくなれば、「お宝」は即座に「お足《あし》」に変化し、暴走して散財していくという例は、歴史上、かぞえ切れないほどあるのだ。

だからこそ、私たちは「いま」という時代と「お金」について、謙虚に学ぶ必要があるだろう。そして人々が正常な・健康な「心」をとり戻さなければ、こんどは金融敗戦という茫漠たる焼け野原で、ふたたび大きな苦痛を味わうことになるからである。

$ 語りかける一枚のノミスマ金貨

経済が成長していく過程では、かならずより多くの「お金」が必要とされる。

生産されるものが増えていき、商品が行き交うなかで、お金はその仲立ちをし、世の中を回転していく。その結果として、通貨の「材質」は落ちていくのだが、それにもかかわらず人々は反対にお金に対する「信頼感」を強めていくために、質の悪くなったお金を後生大事に保存していくという傾向があらわれる。

このことは、社会システム全体が大きくなる過程で、人々が盲目になり、信用できるものが「お金」だけになっていくためでもあるのだが、それが限界点に行き着いたときに「ご破算」という事態が起きる。このことも歴史が明快に証明してくれているのである。

たとえば一六〇〇年前の「西ローマ時代の末期」も、現在と似たような状況であった。空前ともいえるほどの大都市を形成し、大発展を遂げた西ローマ帝国は、その後の財政赤字とインフレにより、あっというまに崩壊してしまった。と同時に、通貨じたいの質も大きく変化していったのである。

その後のローマ帝国のコイン（通貨）を調べてみると、ひじょうに面白い事実が見えてくる。西ローマ帝国の崩壊後、東ローマ帝国にうつると、そこでは「ノミスマ金貨」とよばれる純金に近いコインが何百年ものあいだ使われていたのである。

このことが何を意味しているかといえば、西洋中世の時代には、

「経済成長がまったく起きなかった」

という不思議な社会現象である。

なぜだろうか。このことは残念ながら、いまの経済学では説明がつかないであろう。

だが、これからの世の中を予測するうえで、ここはひじょうに重要なポイントになる。

なぜなら、そのときが時代の「大転換」点だったからだ。西ローマ帝国と、その後の東ローマ帝国とでは、人々の「価値基準」が大きく変化し、時代の求心力＝人々の「心」が求めるものが、「お金」から「神」へと大きく変わっていったのである。

このことは、東ローマ帝国時代の展覧会を見に行くとよくわかる。ほかの時代の遺産にくらべて「物」が極端にすくないのだ。経済は成長するもの（世の中は繁栄するもの）という考えかたに慣れた私たちから見ると、これほどの大転換が「実際に起きた」という歴史的事実には驚嘆せざるをえない。

いまでも私たちがよく使う言葉に、

「すべての道はローマへ通ず」

という諺があるが、それは古代ローマ社会の経済と流通の大繁栄をさしているのである。ありとあらゆる商品が巨大都市であったローマへと流れ、当時のローマ人はありあまるほどの物質にかこまれて「パンとサーカス」の生活を享受していた。食糧と娯楽がふんだんにあふれる暮しの情景は、まさに、現代人が大都市に集中し、野球やサッカーに熱中している姿とおなじようなものであったろう。

ところが、いまからちょうど一六〇〇年前の西暦400年ごろからローマ人の生活は変わり始め、その数十年後に西ローマ帝国は崩壊し、ローマへと通じていた、たくさんの道も荒れ果ててしまったのである。

なぜ、このような大変化が起きたのだろうか。

$ 没落へのプログラムが起動している

現在の世界は、古代ローマの時代とよく似ているのである。

そこで共通する一番重要な点は、なによりも「お金の力」が極度に高まったことにある。巨大都市が形成されるということは、とりもなおさず多くの人が集まり、多様な職業が生まれることを意味している。そして、たくさんの「商品」が生みだされ、そのプロセスでお金の「残高」が膨張していったのだが、このときに重大なことが起こった。

それは、お金と商品との「関係の変化」である。つまり、商品の値段が安くなり、お金の価値が高まっていったこの時期のローマ帝国は、さきの第二次大戦後の世界とひじょうによく似た状況であった。

グローバリズムという言葉があるが、その意味するところは、価値の高くなったお金を求めて、さまざまな商品が大都市へと流れ込む状態をさしている。ところが、現在起きていることは反グローバリズムとも呼ぶべき状況である。海上運賃の急騰により、世界の市場が分断化され始めているのである。

たとえば、ブラジルの砂糖を日本に持ってきても、コストが高くなったために採算が合わなくなった。ほかにも、いろいろな商品が同様の状況になっているのだが、結局は1999年ころから始まった原油価格の高騰が、いろいろな商品の値段を押し上げているのであろう。

ようするに、このことが意味することは、

「お金の価値が減少している」

ということである。

つまり、原油の値段が5倍になれば、同じお金で買うことができる原油の量は5分の1になってしまう。そして、このことが本当の「インフレ」の意味になるのだが、ほとんどの人は、いまだに気がついていない。

くりかえすが、いまは一六〇〇年前の西ローマとおなじような状況にある。

かんたんにいえば、そのころの西ローマ帝国の末期というのは、ゲルマン民族の大移動が起き、世の中が大きく変化していった時代である。

はじめは、繁栄する都（みやこ）に憧れ、巨大都市を形成したローマへ行けば豊かな生活が送れると多くの人が思いを馳せ、大勢の人々がローマに流れ込んだ。このことは、その一六〇〇年後の1970年代に東京の生活に憧れて地方の人々が大都市に集まったのとおなじ理由による。（この点、現在では、すでに世界中で「民族の大移動」が起きているのである）

ところが、ローマ時代の末期になると、あまりにも豊かな生活と衆愚政治が原因となり、結局、財政破綻とインフレの問題に行き当たらざるをえなくなった。

どんな時代であれ、「通貨に対する信用」がなくなったときにはハイパー・インフレに見舞われる。そして「生活に必要な物資」の値段が急騰するために、多くの人が都会では生活できなくなってしまう。そのために、都市と地方との関係が逆転し、人々の大きな移動が起こるのである。

引き金は、やはり経済とお金の問題であった。

人々が巨大な財政赤字にたいして真に危機感をいだけば、国家の発行する「お金」など信用されなくなり、逆に、生活に必要な「物資」を確保し始めるのは明らかである。

「タダの紙切れ」になるものには、だれも見向きしなくなるのは当然であろう。そのときには、もはやグローバリズムなどという言葉は死語になっているはずである。

$ 紙幣の大増刷は時間の問題

１９９０年代の始まりは「ソ連」の崩壊からスタートした。

２０００年代が始まって、いまの日本も当時のソ連とよく似た状況である。「長期国債」の発行だけでは財政赤字の埋め合わせができなくなり、つぎに頼るのが「短期国債」の発行だが、最後には「紙幣の増刷」しか打つ手がなくなってしまうという構図は、ソ連（ソビエト社会主義共和国連邦）と変わらない。

雪だるま式に大膨張している「国家債務」（借金）が、国家の資金繰りをもとに問題を引き起こすという点で、どのような組織も最後にはおなじメカニズムで崩壊へとつながっていく。

このことは民間の企業や銀行、そして国家の場合もおなじである。

「支出が収入を上回ったときに借金が増えていく」

その借金が限界点に達したときに、

「資金繰りが逼迫して破産せざるを得なくなる」

というあたりまえの図式をたどるのだが、しかし国家の場合には「紙幣の増刷」という最後の手段が残されている。この点が、民間企業・銀行との大きな違いである。

現在、先進国のすべてが「国家債務の大膨張」に悩まされ、ありとあらゆる手を打ってきたが、すでに「紙幣の増刷」しか打つ手はなくなったようだ。

これを実行したのが、当時、世界第2位の経済大国を誇るソ連であった。あっというまの崩壊劇であったが、今回は「すべての先進国」が同じような状況に陥っているという点では、より深刻な事態を迎えているのである。

ソ連の崩壊は、まだ「社会主義国」であったから、あの程度の被害ですんだのである。

だが、社会が巨大になればなるほど、あるいは複雑になればなるほど、その被害は甚大になるのはだれの目にも明らかである。いわゆる西側諸国＝自由主義社会がそうなったときの大混乱は凄まじいものになるだろう。

近い将来、先進国が資金繰りに窮して、いっせいに「紙幣の増刷」へと向かうとき、そこには大問題が潜んでいる。さきに述べたように、コンピューターマネーとは違い、紙幣の場合には、

「輸送するのに膨大な費用がかかる」

という点である。

お金の「輸送コスト」には、人件費、交通費、あるいは保険などがあるが、コンピューターマネー時代とは比較にならないほどのコストが必要とされるため、結果として金融商品の全体額が収縮せざるをえなくなる。そして、このことが「金融敗戦」の本質的な意味なのである。

現在、多くの人があたりまえのものと考えているコンピューターマネー（預金残高という数字）が目に見える「紙幣」という形態にとって代わられるとき、人々は、はじめて「お金の本質」に気づかざるをえなくなるだろう。

だが、そのときの大混乱と、その事態の収拾について、どれくらい正確に予想している人間がいるのだろうか。

$ 出回っているお札は一〇兆円だけ

やはり問題はコンピューターマネーである。

ペーパーマネーの場合には、おもに一万円札をイメージするためか、世間の人々には実感がある。日常生活のなかで財布から出して実際に使うものだし、目に見えるものなので、だれもがその存在を疑わない。

ところが、コンピューターマネーは、とりだして数えたりすることができないために、なかなか「お金」という実感がもてず、その存在はつかみにくい。

考えてみれば、これはあたりまえのことである。事実、われわれの預金のほとんどは銀行のコンピューターのなかに記録されている単なる「数字」にすぎない。実際には、銀行をはじめ世の中に出まわっているお札は、総額で一〇兆円にも満たないのをご存知だろうか。

つまり一万円札にすれば、わずか十億枚しかない。だから、いまの預金高でいえば、仮に預金者の一パーセントが同時に銀行へ下ろしに行ったら「お札」というペーパーマネーは一枚もなくなってしまうのである。

もちろん、こういう事態になれば、日銀が「お札」を即座に供給するために、預金が引き出せなくなるということはない。また、一万円札を印刷するコストは、わずか二〇円に満たないそうだから、政府や日銀にとって一万円札の発行は、国民を相手にして利益につながるのである。

このように、現代の「お金」は、ほとんどが銀行その他の金融機関のコンピューターのなかで「数字」として管理されている。そして、それが世界中をかけめぐっているのだが、コンピューターマネーの利点は、決済が即時にでき、日本の政府が米国債を大量に買い付ける場合でも、コンピューターネットワークのなかでは瞬時に売買の入金・支払いができるのである。

たとえば、日本政府がアメリカの国債を買うときに「ドルで支払った」というわけだが、事実上はすべてがコンピューターマネーで処理されているために、実際にペーパーマネーが関与する必要はまったくなくなってしまったのである。

たしかに、この約三〇年の間に、コンピューター（電子計算機）の発展にはめざましいものがあった。その結果、給料をわざわざ現金（お札とコイン）で支払ったり、電気や水道・ガス料金を集金する必要もほとんどなくなり、その仕事に従事する人の数も激減した。いまでは、ほとんどがコンピューターによる自動的な支払い・引き落しになったわけだが、人々は、この変化にともなう重大な問題については、いつしか忘れてしまったようである。

うっかりすれば、自分の預金は銀行で、

「一万円札で保管されている」

と錯覚している人さえいるのかも知れない。

このようにコンピューターマネーがあたりまえになった現在では、自分のお金が「どのように保管されているか」はあまり問題にされなくなった。しかし、これから予想される事態のひとつである「ペーパーマネーの復活」には大きな問題が潜んでいるのである。

$ 大切な預金はアワと消える

大銀行（メガバンク）が苦境に陥っているということは、国民のほとんどが気がついている。しかし、今後の展開について正しい理解をもちえている人は少ないだろう。

漠然とした不安のなかで、

「さて、どのようにして自分の財産を守ればいいのか？」

と、具体的な方法がわからないのである。

まずは「現状」を正しく認識する必要がある。現在の状況は、突然、ぽっかりと浮かび上がったものではない。当然、ここに至るプロセスがあったのだから、それを考えてみなければならない。それにはまず「失われた一〇年」といわれている1990年以降の日本を再度、検証してみる必要がある。

問題は、土地バブルと日本株バブルの崩壊から始まった。１９９０年代、まず民間企業が「不良債権」を抱え、多くの企業が倒産したのだが、このときに不良債権は、民間の「企業」から民間の「銀行」へと移行した。つまり、企業に貸したお金が戻ってこないために、このとき大量の不良債権を民間銀行が抱えたわけだが、２００３年の「りそな銀行」への資本注入により、世の中はまったく新たな局面に入った。

ただし、このときに、民間銀行の「不良債権」が消えてなくなった（ゼロになった）というわけではない。ただ、それが民間銀行から、日銀や政府へと移っただけの話なのである。

ようするに、民間銀行の問題（＝膿《うみ》）を国家が引き受けた以上、これからは中央（国家）の銀行である「日銀」の動きと、国家の「財政問題」に私たちは関心をもたなければならないのである。

民間銀行が混乱したときには、

「銀行預金は危ないが、国の発行する日銀券（お金）と国債なら心配はない」

と多くの国民は考えたであろう。

そこで一万円札を銀行から多数引き出し、銀行の貸し金庫へと移動させ、あるいは国債を歴史上まれにみる異常な値段（超低金利）で買ったりもした。このために、お金の回転率が極端に悪くなり、デフレの極みともいえる状態になったわけだが、いっぽうでは一次産品の代表である金（ゴールド）や石油の値段は上昇を続けていたのである。

六〇〇〇年のお金の歴史のなかで、つい最近まで、貨幣には金や銀あるいは銅といった貴金属が使われていた。しかし、わずか三〇年ほど前から、人類は「お金の根本」を忘れ始めてしまったようである。それは、１９７１年に「金本位制」が廃止されて以来、単なる「紙切れ」や銀行のコンピューターのなかの「数字」がお金になったからである。

しかし、心ある人々は、マネーの原点にある「大きな謎」について考え始めていることであろう。そもそも日銀が発行した一万円札が、

「お金として通用する根拠はいったい何なのか」

という大問題についてである。

$ お金儲けのパラダイス

いったい、お金とはどういうものであろうか。

すこし視点をかえて「お金儲け」について考えてみよう。

「信ずる者」と書いて「儲け」という字ができている。つまり、お金儲けができるかどうかは、

「どれだけ多くの人がその商品を信じるかによって決まる」ということを示しているが、このことは単なる字義にとどまらず、経済学的にもちゃんと裏づけのある言葉なのである。

すなわち、自分ひとりが信じるから儲かるのではなく、他の人が信じ・買うという行動がなければ、自分の儲けにはつながらないことを意味しているのだ。

たとえば一〇〇人の集団があって、一〇個の「石ころ」しかその集団にはなかったとする。一〇〇人のだれもが、その石ころに価値を見いださない場合には、その石ころの価値はゼロである。

ところが、あるとき一〇〇人のうちの一人がその石ころに価値を見いだし、一〇個を集めたとする。しかし、それでも石ころの価値はゼロのままである。それは他の人が価値を見いださないためであるが、もう一人の人が、その石ころに価値を見いだし、自分の持っている「魚」と交換してほしいと申し出た場合には、その石ころの価値は大きく上昇することになる。つまり、一個の石ころと魚とが同じ価値になるからだ。

しばらくして、二〇人の人がその石ころに価値を見いだしたとする。その場合には、石が一〇個しかないために「競争」が生じる。つまり、一匹の魚ではその石と交換することができずに、二匹、三匹の魚と交換することになるのである。

このことが、石の価値が「上昇した」ことを意味するのだが、最初に石を集めた人は多くの魚を手にすることができ「儲かる」ことになる。

そして最終的に一〇〇人の全員が石ころに価値を見いだしたときに、その石ころが集団のなかでのはじめての「通貨」になるわけだが、人類のどのような通貨も、このようなプロセスを経てできあがったものであろう。

そして現在では、紙切れとコンピューターのなかの数字が「お金」という通貨になった。これもまた、世界中の人々が「紙切れ」と「数字」に価値を見いだした（信じるようになった）ということを意味している。それで自分の持っている商品（＝魚ほかあらゆるもの）と喜んで交換しているのである。

このことが「お金の価値の上昇」を意味するのであるが、私の推測では、過去たったの百年間で「お金の価値」は約一〇〇倍になったように思われる。ものすごい勢いである。

ただし、通貨の概念は「時間とともに変化していく」ということも歴史が教えてくれている。たとえば、戦争や飢饉が起きれば、石ころよりも魚に価値を見いだす人が増え、すべての人が「これは単なる石ころだ」と気づくことになる。そのさいには、もはやだれも石ころを信じる人はいなくなり、石ころの価値はふたたびゼロになるのである。

$ 千昌夫さんが「兆」昌夫になった！

いま、国債バブルである。

1990年以降、土地や株式のバブル崩壊を経験し、痛い思いをしながらも、人々はいまだにおなじ間違いを繰り返している。

そのときの苦い経験を教訓にしていない、忘れっぽい国民性は、戦時中とあまり変わっていないように思えてならない。なぜ間違えたのかを反省せず、その後もきわめて単純なミスの繰り返しであり、ちょうど六〇年前の戦争中の日本人が、戦略・戦術ミスにより自滅していったのとおなじコースをたどっているのである。

ここで、単純な例をとって「バブル崩壊のメカニズム」を説明してみたい。それは同時に「お金」の謎（本質）を解き明かす作業でもある。

バブルの華やかなりしころ、「歌う不動産屋」とか「投げる不動産屋」という言葉が流行し、国民の多くが不動産バブルの熱狂の渦中にいた。野球選手や芸能人の派手な資産運用が週刊誌を賑わしたものだが、なかでも歌手の千昌夫さんが、その代表的な存在であった。

絶頂期には、なんと一兆円もの資金を動かし、千昌夫から兆昌夫さんへ、と言っていいほどの大富豪になったのである。

歌手への夢を抱いて東京へ出てきたころの千昌夫さんは、おそらく当時のお金で「千円」単位の仕事をしていたのではないかと思われる。しかし有名になっていく過程で、本業とは別の不動産業にのめり込んでいき、「億」円単位から、ついに「兆」円単位にまで、とりあつかう金額が増えていったようである。

ところが、バブル崩壊とともに、逆に、数千億円の借金を抱えてしまったといわれている。

このことを「バランスシート」で考えてみると、じつに簡単なメカニズムが働いただけの結果でしかなかったことがわかる。

バランスシートというと、何だかむずかしく聞こえるかもしれないが、かんたんにいえば家計簿や帳簿あるいは大福帳と変わらないのである。個人であれ企業であれ、「資産」と「負債」そして「自己資本」が存在する。その資産が増えていく過程で、

「お金持ちになった」

と錯覚しやすいのだが、そのいっぽうで借金が増えすぎ、資金繰りがうまくいかなくなれば、いともたやすく自己破産せざるをえなくなる。それは、あたりまえの道理なのである。

千昌夫さんの場合には、借金して買った土地が見る見るうちに値上がりし、その結果として最終段階では膨大な金額を土地に投資したのであろう。これを「総資産」で見ると、1億円が

100億円になり、そして、最終的には10000億円（1兆円）にまで増えたのではないか、と考えられる。

このときの「負債」と「自己資本」を考えてみると、自己資本比率が仮に一〇パーセント前後だったとすると、資産が100億円の時には自己資本が10億円、そして負債は90億円である。いっぽう、資産が1兆円のときには、自己資本が1000億円にまで増加したのだが、負債も9000億円という莫大な金額になった。

「土地は永遠に上がり続ける」

という理由なき熱狂ムードに支配されたために、借金がこれほどまでに膨れ上がるとは、まったく予想もせず、怖れも抱かなかったようである。

千昌夫さんは、短期間のうちにみるみる大資産家となっていったわけだが、問題はバブルが崩壊したときであった。

$「借金」だけが残る仕組み

いちばん重要なのは「資産」と「負債」とでは、その性質に大きな違いがあるという点である。資産には価格の上下があるのに比べて、

「負債は、借りたときの金額が固定されてしまう」

ということである。

このために土地の価格が上昇を続けているときには、資産が増えているために銀行は喜んでお金を貸してくれる。だが、いったん土地の価格が値下がりを始めると、こんどは貸したお金の回収（とりたて）に走り出すことになるのである。

左のグラフを見ていただきたい。

1兆円あったと思った資産が、バブル崩壊とともに、あっというまに半額になり、そのときには保有している土地を全額売却しても、9000億円の借金を返すことができず、4000億円もの「負債」が残ってしまう。そこで、自己資本の1000億円を負債の返却に充てることになるが、それでも当時、千昌夫さん（芸能人とはいえ私たちとおなじ「個人」なのである）には、マスコミで報じられたように大きな借金が残ってしまったようだ。そして、このことが「不良債権」といわれるものが生まれた仕組みなのである。

このような不動産投資が日本中でおこなわれたのが、1980年代であった。

そして1990年代にはいると、バブルが弾けて、さまざまな倒産劇が繰りひろげられることになったが、このときにも千昌夫さんの場合とおなじく、単純なメカニズムがはたらいただけなのである。

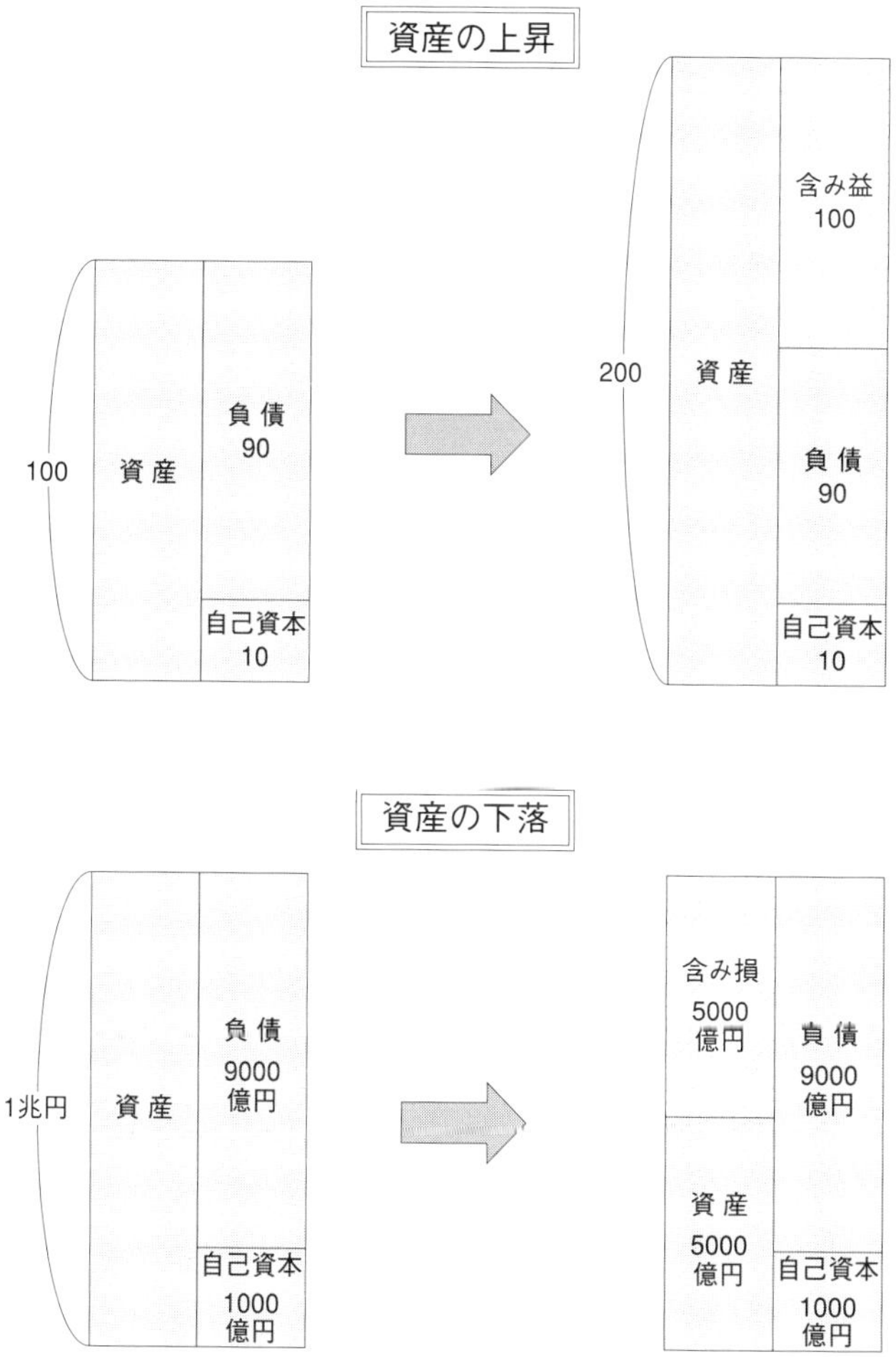

図A　負債（借金）だけが大きく残る仕組み

資産が上昇している時には「含み益」も上昇していくが、資産価値が下落するときには「含み損」が生じる。そのため「負債」だけは変わらずにまるまる「借金」として残ってしまう。（下の図が「兆」昌夫さんの場合）

千昌夫さんと国家とは違うと、とくに「お上」意識の強い人たちには思われがちであるが、仕組みはおなじである。そのメカニズムによって、はじめに民間企業や個人投資家が倒産し、多くの「不良債権」が発生した。

その不良債権を引き受けたのが「民間銀行」だったわけだが、そのときの不良債権の総額が約150兆円程度ではないかといわれている。当時、土地の時価総額が、ピーク時で2500兆円にまで達したという報道から考えると、時価総額の6パーセント程度の不良債権が発生したと考えられる。

このことは、民間銀行が無謀な貸し付けをしたために起こった事態であるから、いわば自業自得なのである。しかし、そのまま放置したのでは、日本の「金融システム」が崩壊するのではないかという不安も同時にひろがっていった点に、その後につながる「新しい問題」の始まりがあった。

$ 夜逃げできないニッポン

いま、世界の金融システムは、コンピューターネットワークで密につながっているために、日本の金融不安は（瞬間的に）世界の金融システムを混乱させる。

そのために、世界中の中央銀行が、力を合わせて「大恐慌の再来」を防ぐことに全力を注いできた。なかでもアメリカが大きな力を発揮し、アメリカ中央銀行のグリーンスパン氏が１９８７年から現在にいたるまで、ありとあらゆる手を尽くして金融システムを守ってきた。その点においては偉大な業績であったといえる。

ところが、問題は、銀行が引き受けた「不良債権」の存在であった。そしてこんどは、銀行自身が資金繰りに困り、多くの銀行が倒産の危機に瀕したのだが、最後には国家がその不良債権を引き受けたのである。

つまり、１９９６年から始まった「銀行への資本注入」により、金融システムそのものは守られたのだが、こんどは国家のもつ「借金」が増え続ける事態になった。民間銀行の不良債権を国家が引き受けたのであるから、これはあたりまえの話であるが、その重大な結果として、現在では日本の国家の借金総額は約８００兆円という、空前絶後ともいえる金額にまで達している。

いまの日本の台所事情をみると、国家の歳入である「税収」が約４０兆円。そして支出は約８０兆円であるから、半分は「借金」で何とか凌いでいる状態である。

このことを、個人の家計に直して考えてみると、

「収入４００万円のAさんが、８００万円の支出をして、しかも８０００万円の借金がある」

という家庭とおなじ状態なのである。

このような夜逃げ寸前のAさんに、だれかお金を貸す人がいるだろうか？

ようするに、こんな無謀なことは「個人」ではできるはずがない、ということは明らかであろう。ところが、国家の場合には、便利なメカニズムが存在する。具体的には「民間銀行」と「郵便貯金」そして「生命保険」などが、せっせと国債を買ってくれているからである。

そしてまた「日銀」も、ほんらいは「禁じ手」であったはずの国債の買い付けや株式の買い付けまでをも平気でおこなうようになった。

「自由主義社会のなかで、国家の中央銀行たるものが民間の株式売買に参入するなど、もはや資本主義とはいえないのでないか」

という議論さえ起こっている状況なのである。

国民が預けたお金が、国民（＝お客さま）の知らないうちに、いつのまにか国債に変わっている。これは一体どういう事態をもたらすのか、人々は無関心ではいられないはずである。

ところが、呑気な国民の多くは、いまだにこのような簡単なメカニズムにも気づいていない。

「自分の預金が、実は国債に変わっている」

という内実など、ほとんど考えてもいないように思われる。

$ すでに「裏帳簿」でも間に合わない

「金融システムは守ったものの、新たなバブルをつくってしまった」とグリーンスパン氏が正直に告白しているデリバティブ・バブルは、2004年12月時点で、なんと2京6000兆円にまで達している。千昌夫さんの時代のバブル（日本の土地バブル）の約一〇倍にまで膨れ上がっているのである。

しかも、この取り引きは「オフ・バランス」という、金融機関の「簿外取引」になっているため、なかなかその実態が表には現われてこない。つまり、これは「裏帳簿」でおこなわれているような取り引きなのだが、現在では法的規制がないのが実情であり、反対に世界中の金融機関がこぞって、このマネーゲームともいうべきビジネスに参加しているのである。

その結果として、前記のような驚くべき金額にまでバブルが大膨張したのだが、取引金額の多くはアメリカの銀行に集中しているという点が、グリーンスパン氏のもうひとつの悩みでもある。

このような動きが、後に述べるように、信用創造の最終段階である「市場による信用創造」で問題とされるところであるが、特筆すべきことは過去三〇年ほどの間に、コンピューターネットワークが全世界に広がり、その結果として膨大な金額のコンピューターマネーが世界中で生みだされた事実である。これこそが「典型的なバブル」であり、かならず破裂する性質をもっている。そしてバブルのふくれあがる力（増殖エネルギー）が消滅したときには、

「瞬間的に崩壊する」

というのがバブルのはじける鉄則であるが、本当に「あっ」というまに破裂するのである。

その破裂の時期（タイミング）をはかるのが実にむずかしい。それが、いまの私たちのかかえる課題であり、緊迫したテーマなのである。

まさにケインズのいうように、

「どのような国家も、自ら破産を宣告した例はなく、紙幣の増刷により生き長らえる」

という言葉のとおりなのである。

しかも、今回は「デリバティブ」という、過去には存在しなかった金融商品が大量に生みだされたために、問題をより複雑にしている。

だが、前述の例からも明らかなように、基本的にはバランスシートの異常な拡大が停止し、反対に、収縮を始めたときに、これまで述べてきたような「お金の本質」をめぐる、あらゆる問題が白日のもとに曝されるのである。

$　お金は安全な商品を好む

人類が「お金」を発明してから、お金は人間の生活とは切り離すことができなくなった。

だから、けっして「お金」は無くなることがないし、現代ではいかなる人間といえども、お金には無関心ではいられない。

お金は時代とともに形を変え、その価値は変化してきた。現在ではコンピューターマネーという単なる「数字」が「お金」になり、空前絶後の規模にまで大膨張している。

なぜ、こんなことになったのかといえば、その理由は１９７１年のニクソン・ショックにより「金本位制」が廃止されたところに問題の原点がある。金（ゴールド）という実物から、単なる数字に変わって、わずか三〇数年のあいだの大変貌であった。

そして、いまデリバティブ（金融派生商品）が最大のバブル期をむかえている。

しかし、どのようなバブルにも限界があり「かならず弾ける」ということも間違いない。

つまり、われわれの社会は、まもなく時代の大転換期を迎えようとしているのである。そして、このときに考えておかなければならない問題のひとつは「お金の性質」であろう。

「お金は、安全な商品を好む」

という性質がある。

つまり、その時々により人々の価値観が変化し、その結果として「安全だと思う商品」が移り変わってゆくのだが、現在では金融の混乱により「実物資産の上昇」が起きている。金融商品が信用できなくなり、金や原油あるいは関連した株式へと「お金」が移動し始めているのである。**2010**年にむけて、この動きはますます加速していくことになるだろう。

そしてもうひとつ、より重要な点として、

「お金の総量が、どのように変化していくのか？」

という問題がある。

お金はストックであり、破産やインフレでしか減少しないという性質がある。いいかえれば、経済の成長とともに、必要とされるお金が増え、しかも、

「いったん創られたお金は、破産かインフレでしか減ることがない」

という大原則である。

しかし、いまや信用をつくりだす（保証する）大もとである国家の、その「信用」が失われようとしている。つまり、通貨の発行元である「国家」が信用できなくなりインフレが起き始めている、という点がいちばん重要なのである。

インフレとデフレにかんしては多くの人が誤解しているようだが、人々が恐れる大恐慌は、

「民間銀行が破綻したとき」に起きるものであり、大インフレは「国家に対する信用が失われたとき」に起きる。この基本的な原理を忘れてはならない。

いまは、世界的に国家にたいする「信用」が失われようとしている時代である。後述するように、２０００年代にはいってからのＧ７で、先進国がいちばん心配しているのが、この点なのである。

$ 経済成長の正しい意味を考える

いま、多くの人が錯覚しているのが、インフレと経済成長の関係である。

ふつうに考えられているのは、

「経済が成長するときにはインフレになり、デフレは経済が収縮するときに起きる」

というものだが、これは現代ではあまりにも抽象的であり、現実を無視している。

かつては経済の成長とは、さまざまな産業が生みだされ「全体のパイが増えること」を意味していた。しかしその中身は、１９８０年を境にして大きく変貌したのである。

その変化を、イメージでとらえれば「重厚長大から軽薄短小」へという形容がぴったりあてはまるだろう。そこでは「娯楽」を中心にした商品へと「需要」の大きな変化が起きたのだが、同時に起こったいちばんの変化が「金融商品の大膨張」というこれまでに人類が経験したことのない、異次元的とさえいえるダイナミックな変貌であった。

衣料や食料など、私たちの生活に直接影響する商品は全体としてはあまり増加せず、暮らしにほとんど結びつかない「金融商品」が未曾有の勢いで大膨張をとげたのであった（人気商品は、もはやテレビや冷蔵庫の時代ではなくなった）。

これまで経済成長といえば、日々の生活をとりまく商品（米・燃料など）の動きとその価格変動を中心に考えられていた。これを「実体経済」とよぶが、そうした生活商品にあくまで付随する部分でしかなかった「金融商品」が大膨張をとげた。これが実体経済にたいして「マネー経済」とよばれる部分であり、その比率が、いまでは1対100以上にふくれあがってしまっている。

人間が日々生きていくための資を得る活動が「経済活動」とよばれるのだとすれば、これはまったく本末転倒の事態である。そもそも米・石油とゴルフ会員権は、おなじ商品として同列に扱えるものであろうか、という議論もあるだろう。しかし、現実には、人々の価値観が「お金」へと向かったために、結果として「お金の量」が膨大に増えた、という事実は動かしようがないのである。

つまり、議論すべき「対象」そのものが質的に変化したのであるから、従来の経済学理論では対応できなくなっているのもやむをえないことであろう。

このように、まず人々の心が向いた商品は「量が増える」という大原則がある。人々が価値を見いだしたものは、より多量の商品が生みだされるという例は、携帯電話の普及状況をみれば明らかであり、ハリー・ポッターなども典型的な例である。

しかし、問題なのは金融商品である。１９８０年代以降に空前絶後ともいえる数量の金融派生商品（スワップ、オプション、フューチャーズなど）があふれ、このデリバティブの大膨張のはてに生まれたのが、２００４年１２月現在の、なんと２京６０００兆円という天文学的な「数字」なのであった。

＄「信用」創造とコンピューターマネー

実体経済の成長がほとんどないときに金融商品が大量に生みだされたということは、「実物資産」よりも「お金の量」が増えたことを意味している。

さらには、現代の「お金」がコンピューターマネーという「金融機関のなかで増殖されたお金」になっているという現実がある。これはもう、世界中の人々が、「コンピューターゲーム感覚でギャンブルをしている」

というのと、おなじ状況なのである。

だが、ここで絶対に忘れてはならないのが「お金はストックである」という点である。

お金には、商品の取り引きが増えれば増えるほど「全体の量が増えていく」という性質がある。たとえば不動産取引の場合、「1億円の土地」という商品を売った人には、買った人からお金（1億円）がわたるのだが、このときに「買った人は借金をする場合が多い」という事実を忘れてはいけない。自己資金が3000万円なら、残りの7000万円は、どこかから借りてこなければ1億円の家は買えないのである。

そのさい、ある人が借金をするということは、そこで「信用」をもとにして新たな「お金」が生みだされている、ということである。

ある人が、ある人を「信用」することによって、それまで存在しなかった（ゼロであった）「お金」が創りだされ、「あなたを信用してお金を貸しますよ」という取り引きが成立し、借用書が作成され、お金の受け渡しが「実行」される。どんな貸し借りも、このメカニズムで成り立っている。

そして、世の中には、その信用が成り立ち（信用が創られ）、借金がおこなわれる場所として3つの段階がある。

それは、①「中央銀行」の信用創造、②「民間銀行」の信用創造、③「市場」による信用創造、である。

そのなかで、1980年以降には、③の「市場」による信用創造がデリバティブという金融商品を生みだした。そして、金融・株式市場において数多くの「お金」が創られ、膨大な貸借関係（債権・債務関係）が成立したのである。

しかも、このときにレバレッジという「テコの原理」がはたらき、投資金額の数十倍から数百倍もの信用創造（信用をもとにした貸し借り）がなされた。かんたんにいえば、テコの原理とは、1億円のお金を持っている人は100億円相当の金融商品に投資ができるということである。

だが、絶対に忘れてはいけないのは、残りの99億円は、市場による信用創造という一種の「借金」になっているということである。

ここが、ひじょうに重要な点なのだが、この点について、ほとんどの経済学者は説明ができないようだ。その原因は、近代経済学では「お金の本質」についての議論（貨幣論）がほとんど無視され、実体経済の部分だけ（すでに述べたようにマネー経済の百分の　だけ）の説明に終始しているからである。

だから、そこを曖昧にしたまま、たとえばインフレやデフレを論じても、世の中の動きを正確に分析したことにはならない。その結果、議論は勢い、抽象的なものになってしまい、そこから導きだされる「インフレ指数」がそもそもアテにならないのである。

これが本書の冒頭でのべた「統計数字はアテにならない」という具体例のひとつになるが、ようするに現在の経済において大きな部分を占めている金融商品は、インフレの統計には、まったく入っていないという点が大問題なのである。

$ ゴールド・スミスと2京6000兆円

ここで、お金＝信用が生みだされてきた原点に立ち返って、銀行の仕組みについて考えてみよう。

「信用創造」の始まりについては、諸説が存在するが、近代の銀行業の始まりは、一七世紀のイギリスにその出発点を見いだすことができる。そこでは、金匠（ゴールド・スミス）と呼ばれる職業が存在し、金（ゴールド）を「預かる」という業務がおこなわれていた。

そして、預かった「金」に対して「預り証」を発行していたのだが、あるときに、ゴールド・スミスはおもしろいことに気がついた。

それは「預かり証」そのものが「お金」として通用するという発見である。そして、実際には「預かったお金」よりも、多くの「貸し出し」ができるということに気がついたのである。

一〇〇キロ相当の金を預かっていたゴールド・スミスが、

「借りる人もいれば、返す人も同時に存在する」

ということに気づき、かならずしも「貸し出したお金」と同額の金（ゴールド）を保有する必要はない点に着目したのである。そして、実際には二〇〇キロ相当、あるいは五〇〇キロ相当分の貸し出しを、「預り証」を余分に発行することによりおこなったのだが、これができるためには、それまでの実績という「信用」が前提にあったのは間違いない。

そして、このことこそが「お金は信用である」という意味になるのだが、

「信用の裏側には、盲目が隠されている」

というのも一つの真理である。

つまり、ゴールド・スミスは人々の「錯覚」を利用したのだ。「信用創造」とは、ほんらいは存在しないゼロである「お金」を、新たに「創り出す」ことだからである。

これを当時の人々の「意識」に焦点をあてて考えてみると、当時は「時は金なり」という言葉を人々が信じ始めていた時期であった。その結果として「お金」に価値を見いだし始めたために、ゴールド・スミスに預り証を持っていけば、

「かならず金（ゴールド）と交換してくれる」

と錯覚したのであった。

このように、その「預り証」が「紙幣」の原点ともいえるわけだが、その後の推移を考えると、ひじょうに感慨深いものがある。つまり、その後に、銀行業が発展し、一九世紀になって、世界的に「中央銀行」が設立されたのである。

そして、このときから、世界中の人々が「お金に対する妄信」を深めていった。このような事実を背景として二〇世紀の繁栄が存在するのだが、いまの金融状況（2京6000兆円のデリバティブ・バブル）をみたら、ゴールド・スミスは驚愕するに違いない。

$ もう古びたモノサシは使えない

話を進めよう。その後、2000年以降に起きたことは「一次産品価格」の値上がりであった。それが徐々に二次産品やサービス商品へと波及している。このことは、現代のほとんどの商品につかわれているプラスチックやビニールなどは、すべて「石油」を原料としていることを考えれば当然の成りゆきであろう。

ところが、統計数字では二次産業や三次産業の商品が数多く入っているために、全体としては「物価の値下がり」という、いわゆる「デフレの状態」を示してはいる。しかし、このことだけをもってインフレ・デフレの判断はできない。

ようするに、

「何を判断するためのインフレ・デフレなのか？」

ということになるが、結論からいえば、

「インフレ・デフレは単なるスローガンであっては意味がない」

ということである。

そこで大切なのは「全体的・抽象的な動き」（印象）ではなく、個別・具体的な商品の値動きにスポットをあて、それが「今後どのような影響を全体にあたえるのか」を読みとることである。

この視点からいえば、現在の統計数字は二重の意味で信用できないのだが、多くの人はこのことを考えようとはしない。これは投資においてもきわめて重要なことである。なぜなら、日経平均という全体像よりも、個別銘柄の値動きのほうが「利益」に直接関係するからである。

人々の意識はスローガンにとらわれやすい。インフレにしても「経済が成長すればインフレになる」というような誤った「常識」を疑うことなく受け入れてしまう。

だが、それぞれの時代において「経済成長」という言葉の中身は違った意味を持つ、と素直に考えたほうがいいのではないか。

インフレを考えるさいにも、

「どのような商品が実際に値上がりをしているのか」を基準にすれば、すっきりとした判断が導かれると私は考えている。

単純に統計数字を鵜呑みにして、既存の理屈にとらわれていては大怪我をするであろう。

$ 戦後日本の「神話」とは何だったのか

戦後という時代の流れを、もう一度ふり返ってみよう。

六〇年前の1945年に、既存の金融システムが崩壊した。そして「新円切り替え」などにより新たな通貨制度へと移行、と同時に「戦時国債」は価値がなくなり「国家の信用」が地に落ちた。

この戦後の六〇年を大きく4段階に分けて考えてみれば、つぎのようになる。

①戦後の混乱が終了した1950~1964年 ↓ 創業の時代
②東京オリンピックの翌年1965~1979年 ↓ 保守化の時代
③1980~1994年 ↓ 因循姑息（事なかれ主義）の時代
④現在をふくむ1995~2009年 ↓ 崩壊の時代

ここで面白いことは、②の日本の好況時代（いわゆる戦後の良き時代）が、のちに③の時代に「ニッポンの神話」として語り継がれ、それが④の時代に入って崩壊することである。「終身雇用神話」や銀行の「不倒神話」あるいは日本の「安全神話」などが、つぎつぎに崩れ去っていった。

面白い、などというと不遜に聞こえるかもしれないが、多くの人々は、これらの「神話」といわれる状況が、戦後にはじめて生みだされたものとは考えていないのではないか。あたかも日本の古来から連綿と続いているシステムだった、と錯覚しているところに大問題がある。

ほんとうに日本古来の独自のシステムであったならば、あいつぐ銀行の倒産や合併、大企業のリストラ、お金のための信じられないような犯罪の多発などは、そう簡単には起こらなかったはずである。そうした「現実」を見せつけられて、人々の意識はいやでも変わらざるをえなくなった。

われわれ現代人の意識というものは「目の前に存在するものは信じやすい」という特徴があり、「それは延々と存在し続けたもの」と錯覚しがちであるが、そもそも「神話」というのは現実には「存在しないもの」をさしていることを忘れてはならない。

人々は、大きな変化を実際に見せつけられて、はじめてハッとする。

「自分が今まで信じていたものは、いったい何だったのか?」と、ようやく考え始めるのであるが、実は、このことがどのような時代にも共通する「転換期」の特徴であろう。その意識の変化は、つぎに「行動」の変化へとつながっていく。東京大空襲、原爆投下によって神国ニッポンの神話が崩壊したのは、つい六〇年前の出来事だったのである。

$ ニュートンの錬金術

面白い話がある。

万有引力の法則を解明したニュートンは錬金術にも力を注いでいたというのだ。二〇年にもわたって錬金術に取り組み、かならずや「金」を作り出せると信じていたようだが、ニュートンは、はたしてお金儲けのために錬金術を考えていたのだろうか。それとも錬金術が生みだされたら、人々はお金儲けなど考えずにすむから人類は純粋に進歩するのではないか、と考えてのことだったろうか。

さらに面白いことは、ニュートンの子孫がお金にこまり、この資料を売りに出したといわれるが、これを買ったのが経済学者のケインズだったそうだ。ケインズが真剣に錬金術の研究を受けつごうとしたとは思えないが、ひょっとするとニュートンのような大天才がなぜ錬金術に関心を抱いたのか、そこに興味をもったのかもしれない。

よく知られているように、ケインズが一番興味を持っていたのは「貨幣論」であった。

「お金とはなにか」を考える学問だが、彼ほどの才能があれば、

「錬金術がうみだされたら、金（ゴールド）の価値はなくなる」

ということは簡単に理解できたはずである。

つまり、金が大量に生産されたら、貴金属であるはずの「金」が、単なる「石ころ」と同じ価値しか持たなくなってしまうからだ。べつの言葉でいえば、世の中に大量に存在するものは「希少性」がないために人々は価値を見いださないからである。

ニュートンは数学の天才である。と同時に、

「運動の法則は解明できたが、人々の心の法則は難しくて解明できない」

とも告白している。

ニュートンは何が言いたかったのだろうか。

「錬金術ができたら希少価値であるゴールドの価値がなくなり、経済的には意味がなくなる」

という貨幣の原理（本質論）は、まだ当時の人々には理解できなかったのかもしれない。

そこで、そのことを証明しようとして二〇年もの歳月を錬金術に費やしたのだろうか。

しかし、どんな時代にも人々は錬金術に憧れるのかもしれない。現代版の錬金術は、まぎれもなくデリバティブ（金融派生商品）だからである。金を自然科学的に作ろうとするのではなく、価値観の変化した「お金」を、電子計算機（コンピューター）を使って人工的に作りだしたのが、まぎれもなく現代の錬金術なのである。

コンピューターを駆使することにより「お金」が大量に生みだされたわけだが、前述のように「世の中に大量に存在するものは時間と共に価値がなくなっていく」というのが厳然たる法則である。

現在の国債バブルの真因が「デリバティブ」にあるのは間違いない。

大量に生みだされたお金が債券に流れ込むことにより、異常なまでの値段が形成されたのである。しかし、自然科学に万有引力の法則が存在するように、社会科学の対象であるバブルにも法則が存在する。

バブルは「人々の意識が凝り固まったために生じ、限界点に達した時には必ず弾ける運命にある」という法則である。

時間や人々の意識にも「法則」が存在する。この点はつぎの章で明らかにしたいが、「心」の問題に数学を応用することができていたら、ニュートンも錬金術などにムダな時間を使う必要はなかったであろう。

$　ニッポンを沈没させたくない！

国家の借金が膨大に増え、政府の保証債務も含めると、２００４年１２月末で８０８兆円にまで達した。ちなみに、平成１２年度（２０００年）の国債発行額は約８５兆円であったが、小泉首相が就任した平成１３年度（２００１年）には約１３２兆円にまで急増している。その後も、このペースは衰えるどころか、反対に増え続けているのである。

いっぽう、税収は急減したために、国家の債務は雪ダルマ式に増え、約８００兆円にまでふくれあがっている。なんと、一年間で約８０兆円も増えている計算になるのである。

日本の国家予算は約８０兆円である。それに対して借金が一か月に７兆円弱、一日になおすと２３００億円も増えている計算になる。このほかに地方債が２００兆円もあり、特殊法人などの借金や隠れ借金も含めると、すでに個人の金融資産は、ほぼ国家全体の借金により食い潰されてしまった状態である。

これは、ＧＤＰに対する比率でいえば、六〇年前の「戦争時」の状況と、ほぼ同様の数字である。これほどの深刻な危機にさいしても、さして危機感を抱かない日本国民は、よほど腹がすわっているのか、あるいは脳天気なのか、不思議でならない。

「なんとかなるだろう、なんとかしてくれるだろう」

と本気で思っているのであろうか。

国家の台所は、すでに火の車どころか、大爆発を起こす寸前なのである。

これがアメリカの場合には、法律で国家債務の上限が決められており、しかも議会でこの上限額が増やせない場合には、公務員の給料が払えなくなるケースも用意されている。財政には、それくらいきびしい態度で臨んでいるアメリカにくらべ、日本人の感覚は、

「公務員がいちばん安定した職業であり、給料の遅配や未払いなどあるはずがない」

と考えているのであろう。

だが、やはり参考になるのは、1990年頃の崩壊前夜の「ソ連」の状況である。借金の大爆発により国家債務が増大し、最終段階では、国債を買う人がいなくなり、紙幣を大量に印刷し、増発して借金を返した。しかしハイパー・インフレが始まると、お札を刷るインクさえ足りなくなってしまったのである。

当時のソ連は社会主義国であったから、国民のすべてが公務員だったわけだが、給料は支払われたものの、お金の価値の激減により実質上、給料は大幅減額となった。

社会主義国だったソ連も、会社主義国の日本も、結局は官僚化が進行しすぎたために柔軟性を失ってしまったのである。そして最終段階では、ほとんど同じ結果を招くのは、もうだれの

目にも明らかであろう。

$　通貨の番人「日銀」の苦悩

ここで、日銀と国債の関係について、すこし考えてみよう。

最近、新聞紙上で「日銀のバランスシート」についての議論をよく見かけるようになった。また、日銀による「買いオペの札割れ」も頻繁に記事になっている。このように、現在の問題点は、民間銀行から中央銀行へと移ってきているわけだが、まだまだ新聞の論調には問題点が多い。

いちばんの大きな問題点は、

「日銀の当座預金を増やすことが、ほんとうの金融緩和なのかどうか？」

という観点である。つまり、具体的な「お金の流れ」を考えてみると、日銀の当座預金というのは、民間銀行から日銀へとお金が移動した結果であり、以前の「準備金を増やすこと」と実質的にはおなじ効果を持っている。

ほんらい、日銀による準備金の積み増しは「金融の引き締め」と考えられていた。

ところが、現在では、当座預金を増やすことが「金融の緩和」と考えられているのだから、理論というものが、いかに「いいかげん」なものであり、言葉の使いかたしだいで、どのようにでも説明がつくシロモノに変わり果てることに驚いてしまう。

しかし、どんな理屈をつけようとも、日銀も「企業」であるかぎり、かならず資金繰りの問題に直面せざるをえない。このことが、いま新聞紙上で「日銀」に注目が集まっている理由である。

そのポイントは「日銀券」と「当座預金」にしぼられるであろう。

それは日銀の「負債」項目である。つまり日銀は、一万円札という「借用証書」を発行したり、当座預金という民間銀行からの「借入金」を増やしたりすることによって国債や株式などを買いつけることができたのだが、このことが限界点にまで行き着き、反対に借り入れに困難が生じている。

この当座預金が「減少」した場合には、１００兆円近くも保有している国債の一部を売却せざるをえなくなるのだが、このときには長期「金利」の急上昇に見舞われ、ひいては国家財政が急速に悪化していくことになる。

日銀は「打ち出の小槌」を持っているわけではない。その他多くの企業とおなじように「お金」を借りて「資産」を増やしている仕組みはおなじなのである。そして、このことが限界点に達し、借り入れが難しくなったときには、中央銀行の本来の役割である「通貨の番人」としての務めが果たせなくなる可能性があるのではないか。

このような観点から、「日銀のバランスシート」に注目してみると、「為替の介入」もできず、「国債の買い増し」も難しくなっている現状では、日銀と財務省は「小田原評定」を繰り返すしか、ほかに方法がなくなっているのかもしれない。

$ 総理大臣にもっと勉強してもらいたい

小泉首相の財政改革の本質とは、結局は、国債の大量発行による「財政の延命策」だけであった。

マスコミの評価はさまざまであるが、実際の国債発行額の数字を見れば、このことは歴然としている。とくに「財投債」という今までになかった国債を大量に発行して、表面上の債務残高を少なく見せているのだが、この国債を含めると、過去4年間の国債発行額は、それまでよりも、ケタ違いに増えているのである。

くりかえすが、いまは昭和20年と実によく似た状態である。当時は軍部の暴走によって日本が敗戦へとまっしぐらに向かっていったが、人々は「日本は神国であり、神風が吹いて最後には勝利する」となかば本気で信じていた。

だが、精神力（というよりタダの思い込み）だけでは、歴然とした戦力の差を埋めることは不可能だったのである。

現在の状況を冷静にみれば、これほどまでに大膨張した「国家の債務」を返済することは、もはや不可能である。しかもアメリカを中心としたデリバティブの大膨張も収拾不可能な状態になりつつある。この危機的状況に、ほとんどの人が気がついていないのは六〇年前と同様なのである。

にもかかわらず、

「株価上昇は改革の成果である」

などという意見が政府内で多数を占めていた時期があり、民主党をはじめとした野党も、このことに反論ができないでいた。

まことに情けない状況であるが、大多数の国民も現状が正確に理解できていないために、このようなことが起きてしまう。結局は「衆愚政治」に慣れきった人々が「パンとサーカス」に熱中し、歴史の教訓を忘れてしまったことに根本の原因がある。小泉首相に、もっと勉強してもらいたいが、私たち戦後の国民の責任も大きいのである。

株価の上昇はまったく別の意味を持っている。けっして小手先の改革がうまくいったから株価が上昇しているという話ではない。

反対に、国家や政治家が信用できなくなったために、「お金」が民間企業の株式へと流れているだけのことである。人々は「国債」よりも「株式」のほうが安全だと考え始めた結果であって、もっといえば、国債や一万円札が江戸時代の「藩札」と大して違いがないということに、ようやく国民が気づき始めたのである。

$ あんパン一個が一万円になる時代

どんな時代においても、大衆は「権力」をもった者になびいていく。

江戸時代には、お殿様を信頼して庶民はお金を貸したのだが、最後には徳政令などにより「藩札」も紙切れになってしまった。

どれほどの力を持っている大国であろうとも、収入以上に支出をすれば、お金が足りなくなり借金は返せなくなってしまう。これは自明の理である。そして、このことは歴史上において例外はなかったのだが、その時代に実際に生きている人々には、それが見えない。権力の強さによって目がくらまされ、わけが分からなくなってしまうのだ。

その状況のおかげで、いま「お金儲け」ができている人たちもいるであろう。しかし、貸したお金が返ってこなくなるという「事実」を見せつけられると、人々の行動は大きく変化する。

つまり、二度とお金を貸さなくなってしまうのである。このことは、信頼が裏切られた場合に憎悪が生まれるプロセスでもあるが、このような状況では、もはや商売どころではなくなり、反対に対立関係に入ってしまうのである。

もちろん、国民の全員が、同時におなじ考えを持つわけではない。少しずつ意識と行動が変化し、全体に浸透していくのだが、このことは、バブルの発生期を見ればよくわかるであろう。たとえば、1980年代の「日本株バブル」にさいしては、初期のころにはだれも日本株が上がるとは思っていなかった。

しかし、まわりの人が「株で儲けている」という事実を見せつけられると、それまで関心のなかった若い女性（OL）までもが少しずつ株式を買い始めた。さらに最終局面では「株式は永遠に上がり続ける」というような神話的意見まで飛び出したのである。

まさに「これからは百年デフレだから、国債の価格は上がり続ける」とまで言われたのと同じような状況であった。

戦後の二〇年間は、国債の発行はなかったのをご存知だろうか。

昭和40年（1965）に戦後はじめての国債が売り出された。それまでは、敗戦後タダの紙切れになってしまった事実を見せつけられた国民に、またぞろ「国債はいかがですか」とは、さすがに政府も言えなかったのだろう。

第三章でくわしく述べるように、敗戦の年の8月15日が戦争の終結であり、その二六年後の8月15日がニクソン・ショック（1971）、そのまた二六年後の8月13日に、タイで信用収縮という大事件が起きた（1997）。

「26年」（ほぼ30年）という不思議なサイクルが厳然として存在するのは間違いのないことである。

だが、大事件が起こるのがわかっていても、そこに至るいくつかの細かいプロセス（過程）で何が起きていくのかを逐次、予想し・判断し・行動していくのはむずかしい仕事である。

後述のように、国家経済が破綻したときに何が起こるのかは、いまは多くの人が実感することができないでいる。

たとえば、

「あんパンひとつが一万円の時代がすぐに来ますよ」

といっても、すぐには信じられないかもしれないが、そのことは残念ながら、ほぼ確実に想定される事態なのである。

「あなたは大丈夫ですか？」

とたずねられて、平気でいられる人がどれくらいいるだろうか。

六〇年前、まさに「国敗れて山河あり」であった。

国家が消滅し、あらゆる物が消えてしまった時代だった。お金など何の役にも立たなくなり、物々交換が経済の主流になった時代でもあった。

だが、山河は形を変えることなく、国民のすべてが餓死することもなく、ほとんどの国民がたくましく生き抜いたのである。

そこで、当時の日本人が持っていた「何か」を、はたして現在の私たちは持ち続けているのだろうか。

第二章　売る人と買う人の「心」が出会う

【需要を解きあかす「心の座標軸」】

「商品の値段は、需要と供給で決まる」

ということは高校生の教科書でも教えている。もちろん経済学でも基本である。

では、需要そのものは一体どのようにして決まるのだろうか。

これまで、この点について徹底的に究明した人はいなかったように思われる。つまり、それは考えるまでもないほど「あたりまえ」のことになっていたのではないか。

しかし、この需要の「決定要因」が解明されなければ、プライス・メカニズムという値段の決まる仕組みそのものが曖昧なものになってしまう。

投資においてもいちばん大切な要因は、

「これからどのような商品が売れるのか」

ということであり、ビジネス（商売）の世界においても、すべての経営者が自社製品の売れ行きにいちばん頭を悩ましているのである。

いまの世の中では「売れ筋商品」がどんどん変化していくのは当然の時代になったが、どの商品が売れるのかを決めるのは、結局は、買う人の「好み」すなわち「価値観」ではないだろうか。人々の価値観の変化により、新たな需要が生まれ、その需要を満たす商品が「新商品」として供給されるのである。

$ 寝まきがパジャマに変わったとき

たとえば、現在では「洋服」を着るのがあたりまえの時代になった。

つい数十年前までは「和服」が日常的な衣服のスタイルであった。人々のそのあたりまえの意識（価値観）が徐々に変化していき、いまでは洋服を着るのがふつう（普段着）の時代になった。そして、和服を着る機会の多くは冠婚葬祭時に限られていき、その需要は少なくなってしまった。かつての寝巻もパジャマやネグリジェに変わってしまったのである。

こうして、洋服の世界なら、その変化にいち早く気がついた人がファッションビジネスの世界を切り開き「創業者利潤」を得た。そして、この動きに引き寄せられて新規参入者が増え、ファッションデザインという新しい職業世界も生まれ、洋服全体の供給が増えていったのである。

もう少しさかのぼって、極端な例を考えてみれば、刀（かたな）などもそうである。かつては武士階級にとって刀は必需品であったから、そのために刀鍛冶もたくさん存在し、刀の製造分野が大きな産業のひとつとして存在していたと思われる。もちろん、現在ではその需要はなくなり、単に美術、骨董品としての価値だけが残っている。

日常的な生活をみても、戦後の日本には大きな変化があった。各家庭にお風呂（内風呂）が備え付けられていき、そのために「銭湯」に対する需要がほとんどなくなったという現象がある。おなじように最近では携帯電話の普及により、公衆電話はどんどん減少している。

また、東京オリンピック後には自動車やテレビの需要が大きく増加し、いまでは全家庭に普及し、自動車の保有台数は一軒あたり約1・4台といわれる。そして、ほとんどの人がテレビやクルマなしでは生活できないと考えるようになり、それらは「必需品」になったのである。

このように人々が「必要」と感じるものは「欲しい」と思われ、それが実際に買い求められるために「需要」が生まれる。そして、その増大にともなって商品を供給する人も増えていき、

「競争」が生じるのである。

時代と共に人々の「欲求」が変化し、商品に対する需要が大きく変化していくわけだが、実際の日常生活では、どうしても目先のことに目を奪われ、大きな流れを見失ってしまう。

たとえばＶＴＲの製造は、１９８０年代までは日本の企業が独占していたが、現在では世界中で作られている。そして各国の競争により利益率が低下し、結果として価格の低下につながっていった。

人々は「新しい」と感じるものや「便利なもの」に、まず興味と関心を持つ。そして人々の「心」がそれに向かって実際に動きだすと需要が生まれる。このことが「需要」の本質ではないかと考えられる。そして消費者の多くが「強い関心」を持ったときに、その商品は「ブーム」になるのである。

もちろん、すべての新商品がブームになるわけではなく、ほとんどのものは埋もれてしまうのだが、いままでにブームになった商品の特性を分析すれば、需要の変化に「ある一定の法則」をみつけることができるはずである。

$ 人気商品を生みだすもの

人々の需要は、時とともに変化していく。

刻一刻と変化しているといっても過言ではない。

たとえば、つい最近まで「ユニクロ」がもてはやされていたのに、現在では、あまり人気がなくなってしまった。そのほかにもさまざまな移り変わりが起こっているが、最近の特徴は、値段の安いものに人々が「飽きた」ために、価格が多少高くても「より品質の良いもの」へと嗜好が変化している点である。

たとえば野菜ひとつをとっても、いまでは国内産という表示や、何々県産と生産地を明記して売られているお店も増えた。かつては「値段」の競争においては流通革命ともてはやされ、賑わいを見せていた大型スーパー店も、いまでは当時の面影はまるでない。

このように、需要は、人気があるか・ないかによって大きく変化するのだが、言葉のとおりに、それはきわめて「移ろいやすい」ものである。ある商品に「飽き」がくると、見向きもされなくなり、また技術革新により陳腐化してしまうと、ほとんど価値がなくなってしまう。

さきの刀剣の例は極端すぎると思われるかもしれないが、人類の長い歴史のなかでは、携帯電話やVTR、デジカメの登場のほうが、むしろ突然変異とすらいえるほどの突出した新商品なのである。

六〇年前にもどって、当時の人にいまの「商品」文明を見せれば、腰を抜かすかもしれない。

携帯電話なら、なんと説明すればよいのだろうか。トランシーバーにモールス信号機（メール）のついた持ち運びのできる電話なんですよ、といえば「ケイタイ」という商品を理解してもらえるだろうか。

しかし、たとえばビデオデッキにしても、いまではＤＶＤにとって代わられ、レコードプレーヤーはＣＤ、ＭＤレコーダーへ、また医療器具でいえば脳波測定器からＣＴスキャン、ＭＲＩやＰＥＴへと発展を遂げている。パソコンについては述べるまでもないだろう。

経済は、それらの「新商品」の販売をとおして活況を見せるのだが、供給者側にしてみれば、新商品開発のためには膨大な設備投資が必要である。しかも経営者がそれを決定してから実際に商品が供給されるまでには、少なくとも数か月の時間を要するという課題（リスク）をかかえている。いまの供給者に元気がないのは、官僚組織的な「大企業」になってしまったために、新商品の開発・提供にさいしてリスクを取りたがらないという体質的な問題も発生しているのである。

「今まで売れていたのだから、これからも売れるだろう。このまま様子をみよう」

と安易に考え、安心して生産できるものしか供給しようとしないのが現在の姿ではないだろうか。

このことが、いわゆる「大企業病」の正体ともいえるのだが、お客さんが物を買うときに「有名だから」とか「大企業が作っているから」というブランド志向は、それほど意味をもたなくなったようだ。ソニー製品といっても、いまでは日本国内で製造されているわけではない。それを、ほとんどの人が知っている時代である。

さらに、いま生産されている商品の多くが「生活には直接必要のないもの」である点も重要である。たとえばプレイステーションがあろうとなかろうと、人間の「生き・死に」には関係がないし、デジカメがなくても生活には何の不便もない。

このように、ほとんどの商品は現代人に「お金の余裕」があってはじめて生まれたものであり、そのために商品のライフサイクル、すなわち「はやり・すたり」の期間が短くなっているのである。

$ 欲求→満足→飽きの法則

飽きる、ということに関していえば、経済学に「限界効用逓減の法則」がある。

人々がある商品を消費する場合に、最初の一個はうまく感じるが、数が増えていくにつれて満足度が減少していくというものである。

たとえば、一杯目のビールは大変おいしく感じるのだが、二杯目以降は一杯目ほどおいしく感じなくなる。このように、商品が多く手に入れば入るほど、人々の満足度は低下していく。
バナナにしてもそうである。戦後まもないころにはバナナは貴重品であった。病人へのお見舞い品として眺めるくらいのものであり、メロンとおなじく庶民はなかなか口に入れることはできなかった。しかし、いまでは簡単に手に入るために、バナナをもらってもほとんどの人は「喜び」を感じなくなった。むしろ、お中元にバナナを贈ったとしたら、常識を疑われるような時代である。

これらの例からわかることは「満足度」や「喜び」が、人々の行動を決める大きな要因になっているということである。つまり、満足度が大きければ大きいほど喜びが大きく、その喜びに対して人々は進んで「プレミアム」という、余分のお金を払うのであろう。

そして、この法則がより深く解明できたら「これから人々がどのような商品に満足し、より多くのお金を払うのか」を予測できるのではないかと思う。

また、人々の「満足」は、「欲求」と深くかかわっている。

自分の持っていないものに対して欲求を抱き、その欲求が満たされた場合に、満足という「満ち足りた感じ」を抱く。しかも、満ち足りた商品に対しては、それ以上の欲求を抱くことはなく、その商品に対する「需要」は激減していくのである。

たとえば、電話を例にとると、公衆電話が普及し始めた頃は、多くの人が「便利」だと感じ、喜んで公衆電話を利用した。

しかし、現在では、携帯電話の普及により、公衆電話はほとんど使われなくなった。つまり、多くの人が公衆電話に対して「効用」を見いださなくなり、反対に、携帯電話が便利だと感じるようになったのである。

このことをより普遍化させていくと、「物質文明」と「精神文明」にもあてはまるのではないだろうか。

つまり、現代人はありあまるほどの物質に囲まれて、ほとんどの商品に対して「満足」することがなくなっている。しかし、宗教や魔法などに対しては、驚くほどの好奇心を抱いているのだ。たとえば、女性占い師の予言やハリー・ポッターの魔法などにたいする関心は、いままでの常識では考えられなかったものであろう。しかも「関心」だけにとどまらず、実際に多くの「時間」と「お金」を費やしている。人々の夢は、もはや「鉄腕アトム」ではなくなってしまったのである。

$ バブル崩壊はチャンスの時代

ハリー・ポッターという花形商品も、結局は競争社会の産物である。

現代は、典型的な「競争社会」であるが、人々は競馬のウマと同様に「なぜ競争するのか？」という意味を理解しないまま、余計な争いをしているのではないか、と思うことがある。

競争は、人々の「価値観」が同じになったときにしか起きない。たとえば、二人の人がある商品を同時に欲しがったときに競争が起きる。そしてスピードの速い人が、その商品を獲得する。しかし、片方の人が、その商品にまったく興味を持たない場合には競争は起こらず、もう一人のひとはゆっくりとそれを手に入れることができる。

また、競争に勝った人は商品を手に入れて優越感にひたる。負けた人は劣等感を感じることにより、つぎには勝とうと努力する。そして相手よりも力が優れば、勝って商品を手に入れることができる。

このように、人々が「同じ土俵」あるいは「同じルール」のもとで戦うことが本来の競争の姿なのだが、実際には体の大きい者や力の強い者、あるいは技術の優れた者が勝つのはあたりまえのことである。これはまた、経済や株式市場における競争も似たようなものであろう。

ただし、そこで面白いことは、ルールが変更されたり、人々の関心が変化したときには、いままでの経験則がまったく通用しなくなるという点である。つまり、力の強い者や体の大きい者ほど変化に対応できずに、もろくも崩れ去っていくのである。

このことが「大企業病」が起きる原因のひとつだと私は思っている。その典型的な例が、株式市場における「バブル崩壊」である。

お金をたくさん持った「機関投資家」が腕力で強引に株価を吊り上げたのが、９０年代の「ＩＴバブル」だった。あるいは、日本版の「ニフティー・フィフティー相場」といわれるように一部の優良企業の株価だけが当時は暴騰した。

しかし、腕力だけで理屈のつかない値段にまで買い上げたものは、かならずその反動がくる。そして結果としては、大きな損失を被るのである。

二十一世紀にはいっても、人々の価値観が「画一化」された代表的なものとして「お金」の存在がある。全世界の人々が「お金」に最大の価値を見いだし、お金を得ることに全力を注いで競争しているのである。そして、いままでは、力のある者や体の大きい者たちが勝利していた。あるいは、技術的に優れた者たちが有利な状況にあった。

しかし、人々の「意識の変化」という大きな転換期には、いままで同様に、まったく無力になり、大きな損失を被ってしまうことが考えられるのである。そして、その変化というのは、現代のお金そのものは単なるコンピューターのなかの数字にすぎないということに、多くの人が気づき始めることである。

力の弱かった人々にとって、これほどの「チャンスの時代」はないはずである。

$　K-1とオリンピック

かつては日本人の娯楽の代表としてプロ野球観戦があった。

現代ではスポーツは立派な「商品」であり、大きな需要を生みだしている。

オリンピックも、いつのまにか派手になって、東京オリンピック（1964）の時代とは雲泥の差である。将来的には、オリンピックの運営にかんしても問題が出てくるであろうが、近代オリンピックが始まったのは1896年であった。

そのオリンピックも、結局は「アテネで始まりアテネで終わる」という可能性も否定できないのではないか。私は、けっしてスポーツの祭典を否定するつもりはないのだが、歴史をふり返ってみると、あまりにも異常な現在の状況が、そら恐ろしくなってくるのである。

近代オリンピックの歴史は、わずか一〇〇年程度のものに過ぎない。その他、野球を始めとしたプロスポーツも二〇世紀にはいってからの歴史である。

スポーツが繁栄するための条件としても、まず経済的な「余裕」の存在がある。

言葉を換えると、

「お金がなければ、スポーツは発展することができない」

ということであり、スポーツに限らず、その他いわゆる「文化活動」全般がそうなのだが、文明の発展（経済発展）にともなって金銭的「余裕」が生まれ、その結果として、いろいろな芸術活動が盛んになってきたのである。

もともとスポーツは「闘争的遊戯」と訳される。だが、現在の状況は「遊戯の部分」がなくなりつつあり、反対に「闘争の部分」が強調され始めているように思えてならない。

このことは、現在人気になっている「Ｋ-１」などを見れば明らかであろう。ローマ時代のコロシアムと同様に「命がけの勝負」に対して人々が熱狂しているのである。

人々の関心が「遊戯」から「闘争」へと移りつつあるのだが、将来的には「遊戯の部分」は払拭され、「闘争の部分」だけが人々の関心事になるのではないか。しかも「目に見えるもの」ではなく、「目に見えないもの」のために戦うことになるのかもしれない。

二〇世紀の人々は、一六〇〇年前のローマ時代同様に、ありあまるほどの「お金」を使い、娯楽に熱中してきた。しかし、現在では、スポーツに熱中する「余裕」もあまりなくなってきているのではないか。サッカーのＪリーグが始まったバブル時代とは、世の中の雰囲気全体が違ってきている、と感じているのは私だけであろうか。

２００１年９月１１日、遊戯ではない本当の戦争の幕開けともいえる事件が起こった。

かつての「富を略奪すること」を目的とした「帝国主義」の戦争とは異なり、「神のために戦う」という「聖戦」を標榜するビンラディン事件である。まさか航空旅客機でアメリカの象徴である貿易センタービル（ワールド・トレードタワー）に体当たりするとは、だれが予想したであろうか。

体当たり、といえば日本の「神風特攻隊」が元祖であり、つい六〇年前に、この国で実際に発案され実行にうつされた出来事であった。

当時のモンペ姿の人々の意識を想像すると、いま、おへそを出したファッションに身をつつみ、ケイタイでメールを打つのに忙しい現代人の「需要」は、どのように映るであろうか。

まさに今昔の感があるが、人間の本当の幸福や社会のゆたかさについては、お金があぶなくなっている現代においてはなおのこと、よくよく考えてみる必要があるだろう。

$ 80年の恨みと大義名分・テロリズム

世界には、いまだにバナナもメロンも食べたことのない人が大勢いるのを忘れてはいけない。いわゆる南北問題である。

そして現実に、戦争はいまだに起こっている。戦争は「正義」と「正義」の衝突であり、どちらにも言い分がある。

2001年9月11日の「ワールド・トレードセンター事件」には世界中が震撼したが、事件を起こすには、それなりの理由があった。けっしてテロを擁護するつもりはないが、あれほどの事件を起こす理由と歴史的背景について、現代人はもう少し真剣に考えたほうがよいのではないか。

ビンラディンが事件後の声明として発表したのは「80年の恨み」であった。事件の発端は、第一次世界大戦にまでさかのぼる。当時、世界最強の国はイギリスであった。しかし、戦費が足りなくなり、当時の外相だったバルフォアがユダヤ人からお金を借り、その見返りとしてユダヤ人に聖地での建国を約束した。そして、連合国は戦争に勝利したのだが、結果的には1918年に「オスマントルコ帝国」は消滅してしまったのである。バルフォアの約束は実行され、1948年に「イスラエル」が建国されたものの、いままでに四度の中東戦争を引き起こしているのは周知のとおりである。

オスマントルコ帝国が消滅してから約八〇年という月日が経った。しかし、この間、南北間の格差は開く一方であった。世界の「富」が、アメリカをはじめとする先進国に集中したのである。そして、その間、一部の先進国は豊かになったが、その他の多くの国は食べ物にも困るありさまであった。そのために、ビンラディンは、世界の金融界の象徴ともいえる「ワールド・トレードセンター」をテロの対象にした。

このような流れから考えてみると、アメリカによるイラク攻撃は、「80年の恨み」を増幅させるだけだったのではないか。つまりは「恨みの炎」に油を注いだのである。

イラクの石油がアメリカの思いどおりになれば、南北間の格差は開く一方である。

そして、近代兵器という圧倒的な力を見せつけられた人々は、よりいっそう、自爆テロという「聖戦」へと突き進むのであろう。

戦争には「大義名分」が必要である。そして、今回のアメリカの大義名分は「イラクの民主化」である。「人民を独裁主義から解放し、民主国家を打ち建てる」ということが理由になっているのだが、結局は、ベトナム戦争のときとおなじ構図をたどるのではないか。

はっきりとした大義名分のない戦争は、国民を疲労させる。

しかし、すでに大きな変化が起きてしまった。つまり、アメリカはフセインを失脚させたのだが、「キリスト原理主義」対「イスラム原理主義」が本格的に対立し、それが激化したときには第5次中東戦争が起きる可能性がきわめて高いのである。

日本のような資源をもたない国の最大の「需要」は石油である。六〇年前の焼け野原を招いた戦争の原因も「石油」をめぐる争いが発端であったことを忘れてはいけない。

いま、原油の値段が4~5倍にも高騰している。イラクへの日本の派兵問題にかんしても、私たち国民はもっと深い関心をもたなければならないのである。

＄ 好きな相場・イヤな相場

商品の需要について、べつの角度から光をあててみたい。

株式投資の場合、面白いのは「自分の考え」と「現実の相場」が一致したときに、

「これはよい相場だ」

と感じることである。

このことは、相場が「上げ相場」の場合に限らない。下がることをも予想し、それで実際に相場が下がると、それもまた「好い相場」だと感じて、よりいっそう「心」が相場に向かっていく。逆に、自分の考え（予想・想定）と反対の相場になると、私の心は相場から離れてしまう場合が多い。

「こんなイヤな相場は見たくもない」

と感じてしまうのだが、このときも相場の上げ・下げには関係はないのである。

このように、「好き」「嫌い」という人間の感情は、まず初めに自分の心が「対象物」へと向かうことから始まることを意味している。

自分に関係のないことに対しては好きも嫌いもないわけだが、「心」が求めたものが結果とし

て得られなかったときに嫌悪を感じ、得られたときに好感をいだく。そうした「心の方向性」が最初に決まり、その結果として「好き」「嫌い」という感情が芽生える。そして人々は、自分が「好きだ」と思うものに対しては、積極的にお金や時間を費やすのである。

このことを追究していくと人間の潜在意識にまでたどり着くのかもしれないが、

「商品の需要がどのようにして生まれるのか？」

という問題を考える場合、この人間の心理についての議論は避けて通れないと思う。

たとえば、携帯電話がなぜ普及したのかを考えてみても、最初に「人々の関心」が存在したのは間違いない。みんなが携帯を持ちはじめ一所懸命にメールを打っている姿をみて、まだ携帯を持っていない人は「何だろう？」という関心をもったのが「始まり」だったであろう。

それが「カッコイイ」「ステキだ」という動機から、「私もほしいな」「買っちゃおう」という購買欲の実現＝購入、消費へと発展していったのである。

人は、興味がなければ絶対にその商品は買わない。

つぎに、その興味に対して「値段」や「効用」という買い手の価値観が重要なポイントになる。興味や関心があっても、値段が高すぎたり、あまり役に立たないものは買わないであろう。ようするに、どのような商品が存在しようとも、人々の「心」がそれに向かわない限り「需要」は生まれないのである。

このように「売れる商品」とは、売ろうとする人が買い手の「関心」をひくものを提供した場合にしか生まれない。そして、このことは「目に見える商品」だけに限られた話ではない。「神」や「宗教」までもが商品となり、人々は喜んでお金と時間を費やしているからである。このことは、嫌な事件ではあったが、オウム真理教に多数の若者が自分の財産をなげだして入信したことを思い起こせば容易に理解できるはずである。

どんな時代においても、人々の「心」は必ずある方向を指している。そして「何か」を求めている。心が向いているものに対しては、つねに「需要」は存在するのである。

＄ お金という「新商品」の誕生

資本主義とは「お金の力」が強くなっていく時代であった。

それは、お金と商品との「交換比率」が変化していき、お金の価値が上昇し、商品の価値が低下していったことを意味する。その結果として、人々の間に「購買力」が生まれ、新たな商品に対する「需要」が生まれていったのである。

より具体的には、分業化の進展により生産力が高まり、そのことによって既存の商品が今までよりも安い値段で買うことができるようになった。そこで人々の間に「余裕」が生まれ、そのために「エンゲル係数」（食べるためのお金の割合）が、史上最低レベルにまで低下した。そしてその分、人々は余ったお金をいろいろな商品に費やしているのである。

このように、資本主義が発展する必要条件は「通貨価値の上昇」であった。

通貨価値の上昇が「購買力」を生みだし、新たな「売れる商品」は「利潤」を生みだしていく。ハリー・ポッターのように、人々の関心を上手くつかんだ商品が爆発的に売れ、その商品を提供した人は多額の利益を手にすることができる。

また、資本主義の歴史は「新商品」が生まれていく歴史でもあった。

古くは蒸気機関車や織物機械、その後のテレビ、冷蔵庫、洗濯機から自動車、現在では携帯電話にいたるまで、実にさまざまな商品が生まれ、人々はそれを手に入れることにより商売も日常生活も便利になり、経済も人々の暮らしも発展してきた。その過程で、その新商品をいち早く作り販売に成功した企業は、莫大な利潤を手にすることができたのである。

そして、その商品には「付加価値」という「目に見えない価値」が、より多く付け加えられていった。第一次産業から第二次産業、そして第三次産業へと世の中が変化していく過程で、より大きな価値が新商品に付け加えられている。たとえば、原油をもとにプラスチックができ、そのプラスチックから多様な商品が製造されたわけだが、この過程で、新たな価値が商品に付加されていったのである。

このように、新商品の歴史をたどっていくと、かならず「付加価値」の問題につきあたるが、その本質はいったい何であろうか。どのような条件が満たされたときに、人々は付加価値に対してより大きな価値を見いだすのだろうか。

たとえば、現在では「とうもろこし」の値段は百キログラムで千五百円である。しかし、その「とうもろこし」を加工してコーンスターチという商品にすれば、なまの「とうもろこし」よりもはるかに高い値段で取り引きすることができる。また、かつて自家用車は「人や物を運ぶ」という機械（道具）にすぎなかったが、いまでは快適なドライブを楽しむためにカーオーディオやカーエアコンが搭載され、乗り心地にも贅沢な工夫が凝らされている。

それらの商品には加工費や手間賃がかかるために、価格が高くなるのはごくあたりまえのことになっているが、人々はその付加価値に対しても喜んで「余計なお金」を払っているのである。

およそ現代に生きる人々は、付加価値が高いものほど「便利なもの」と感じ、より多くの「プレミアム」という割増料金を払っているのではないか。

そして遂に、付加価値という点では現代の「究極の」ともいえる商品が誕生した。

それが、この本で最も問題にしたい金融派生商品（デリバティブ）である。

「お金がお金を生みだす」

という、これ以上、付加価値を生みだすことができない究極の商品の誕生。それがデリバティブであり、この市場の限りない大膨張（2京6000兆円）が、いま世界の大問題になっているのである。

$「お金儲け」を考えてみよう

「銘柄は問わない。お金が儲かるにはどの株を買えばいいのか？」

「世の中が混乱状態にあるのはわかった。では、どうすれば儲かるのか」

ファンドマネージャー（投資顧問）という仕事をしていると、こうした質問を受けることが多い。しかし、このときに私が感じるのは、質問をした人は「お金の本質」について、どの程度理解しているのか？　ということである。

ほんらい、お金というものは、まったく形のないものである。つまり、たんなる「信用」にすぎず、それと同時に、

「どんなお金も、かならず何らかのかたちで投資されている」

という事実を忘れてはならない。

たとえば一万円札を手もとに持っているということは、日銀にお金を「貸している」という

ことであり、銀行預金を持っている場合には、お金を民間銀行に「貸した」ということである。また、株を買ったとすれば、その会社へ「出資した」ことであり、土地や金（ゴールド）を買う場合なら、実物資産へ「投資した」ことを意味している。

このことを絶対に忘れてはならない。そして、さらに重要なことは一万円札や銀行預金でさえも価格が「つねに変動している」という点である。

たとえば、1ドルが百円のときの一万円と、1ドルが二百円のときの一万円とでは、価値に2倍の開きがあり、銀行預金にしてもペイオフが起きたら価値が減少する可能性がある。これが現在起きている問題そのものであって、ペイオフ解禁という知らせを聞いて急にあわてふためくのは、このことをすっかり忘れてしまっていた証拠であろう。

銀行預金は安全だとか、タンス預金は金利は付かないにしても価値が少なくなることはない、と考えていた人が多いようだが、そうではないのである。このことに、ようやく人々は気づき始めた。

結局、お金が儲かるというのは、

「自分が投資した商品の価値が上昇する」

ということを意味しているのである。

2000年までの一〇年間だけをみれば、たしかに「預金」と「国債」という商品がいちばん儲かったといえる。それは多くの人が「預金を持つことが安全だ」と考えたために、お金が、土地や株式から預金に流れ、その預金が間接的に国債へと向かった、というのが真相である。

このように、多くの人が価値を認めるものは価格が上昇し、結果として「儲かる」ことになるのだが、時とともに「人々の価値観」が変化し、儲かる商品は変化していく。お金に対するバブル、あるいは、お金に対する信仰が強いときには、なおさらであろう。

しかし、この信頼がなくなったときの「反動」は、その「信仰」が強かった分だけ、すさまじい暴落へとつながる。

お金儲けをする場合に大切なのは、実をいえば「現在」の状態を見ることではなく、「これから人々の心理がどのように変化し、どの商品に価値を見いだしていくのか」それを見極めることなのである。

つまり、ほとんどの人が価値を見いだしたものは、すでに「上昇のエネルギー」をかなり使い切っており、反対に「下降のエネルギー」をたくさん蓄積してしまっている、という事実を見抜かなければ、「儲からない」のである。

$ 投機はギャンブルではない！

1980年代の後半には「投機の時代」という言葉が流行した。「これからは、土地や株式に投資しなければ時代遅れである」というような雰囲気ができあがり、このときが日本株バブルの全盛期であった。株式も土地もピークであった。

しかし、その後の日本の凋落には驚くばかりである。なぜ、このようなことになったのかを考えると、ほとんどの人が「投機」の意味を履き違えたことにある。投機とは「ギャンブル」であると思わされ、そのギャンブルに財産を投入することが儲ける方法（＝近道）であると錯覚してしまったのが大きな間違いであった。

あれから二〇年以上たった現在から考えみると、まるで笑い話であるが、当時の人々は真剣にお金儲けを考え、全力でバブルに突入していったのであった。

ところが現在では、金融機関の多くが「逆バブル」ともいえる状況に陥り、「株式は危険だから、安全な国債を買わなければいけない」と考えているように思われる。そして、国債じたいがバブル化していることなど、ほとんど気にかけていないようなのである。

だが、間違ってはいけない。投機とは「機」という「タイミング」に投資することである。いちばん大切なのは「タイミング」であり、これは国債にしても同様である。

「値上がりするタイミングを捕まえて投資し、ほとんどの人が買い終った時には売却する」

というのが基本であることを忘れてはならない。

ところが、日本人は「横並び」で行動する傾向が強いので（というより「好き」なのかもしれないが）、それで何度も同じ間違いを犯してしまう。

中国のことわざに「君子は暦を治めて、もって時を知る」という言葉がある。

これは十干十二支という中国古来の暦（知恵）を学び、時代の「流れ」を読みとることの重要性を説いているのだが、世の中というのは、たしかに暦のとおりに動いている。次章でくわしく述べたいが、私は暦を研究すればするほど、一人の人間の力の限界を感じ、「天地自然の理」を考えざるをえなくなってきた。

もちろん、暦だけにたより努力を怠るのは危険である。日々のあふれるほどの情報のなかで、的確な取捨選択が必要であるのはいうまでもないが、まずは、これまで述べてきたようなお金の「本質」を正確に理解したうえで、世の中の、世界の動きを注視しなければならない。

本当の意味での「投機」とは、世の中の「変化の法則」を熟知したうえで、その時々に、値段の上がり下がりする銘柄を売買することである。

「けっして大切な財産をギャンブルに注ぎこむのではない！」

という気がまえが必要であるのはいうまでもない。

$　人はなぜ働くのか［労働力の需要］

前記のギャンブルの正反対にある人間の行為は「働く」ということであろう。日本人の意識の大きな変容は「労働」にたいする意識の変化からも読みとることができる。

一〇数年前の「日本株バブル」のときには、ほとんどの人が「お金儲け」に没頭しており、ひたいに汗して働く喜びを……などといえば、「この人なにを言ってるの？」と異端者扱いされかねない状況であった。

ところが、世の中は刻々と変化し、人々の価値観もそれにつれて変わってきた。

いま、預金がまったくない（ゼロ）人が国民の2割を占めている。そのいっぽうで、若者がパチンコ店の前で早朝から行列をつくっている。不思議な時代である。

また、ボランティアという言葉も流行し、定着してきたが、現在の世の中で人間が「はたらく」とはどういうことなのか。それが問われ始めているように思えてならない。

一八世紀から二〇世紀にかけて、西洋人は「価値」について考え、経済学が発展したこの時期には「労働価値説」が考えられていた。

「人間が働くことによって商品が生みだされるのだから、労働こそが価値を生みだす根本のものである」

というのだが、その当時の考えかたとしては、きわめて妥当（あたりまえ）な意見であったといえる。

しかし、現在では、多くの労働は「機械」にとって代わられ、単純な農耕作業や鉄工所の仕事だけでは、近代人に必要な物（商品）を生みだすことは、もはや不可能になってしまったのである。

世の中は、このように資本主義が発展した1800年から2000年にかけて劇的に変化してきた。とくに機械化が進んだ二〇世紀後半は、人類がいままで経験したことのない大規模な経済成長を達成した。そしてグローバル化が進行し、国家間の競争が激しくなり、おなじ商品を作るのなら少しでも人件費の安い国へと工場が移転していったのである。

このことは、現在の日本の労働者の仕事をみれば明らかであろう。いま、物をつくる仕事に従事している人がどれくらいいるだろうか。多くの企業が、中国をはじめアジア諸国へと工場を移転したために、製造業の空洞化がものすごい勢いで進行したのである。

三〇年ほど前のアメリカもおなじような状況だった。その結果として、より大きな付加価値を生みだすことのできる産業へとシフトした。そして紆余曲折を経て、最後に行き着いたのが金融派生商品であった。

「お金がお金を生みだす」

という資本主義の最後の成長商品である「デリバティブ」が大発展を遂げ、これが限界にまで行き着いてしまったのだが、こうした状況のなかで、いま人間の労働とはいかなる意味をもつのだろうか。

＄すべては「なんでだろう～」から始まる

少し前に「なんでだろ～」という言葉が流行したが、覚えておられるだろうか。

これは「本末転倒」とならんで、世相を反映した流行語だったと私は思っている。いま、国民の多くが現在の状態にワケがわからなくなり、

「どうしてこんな世の中になってしまったのか？」

と首をかしげている時代である。

また、もう少しまえに流行した言葉に「一生懸命やったのに～」という言葉もあった。

この言葉も、日本の「失われた一〇年」を反映する言葉ではないか、と感じるのは私だけだろうか。戦後の日本人は一生懸命に働き、世界でも有数の経済大国になったのに、なぜ「失われた一〇年」が起きたのかについて納得ができない、という風情をよく表わしている。

この二つを合わせると、「一生懸命やったのに、なんでだろ〜」ということになるが、多くのサラリーマンは、現在、このように感じているのではないか。

「大企業に入り、一生懸命はたらけば幸せになれる」

と思っていたのだが、実際は、リストラやあいつぐ倒産により、安心して働ける場所がなくなってきた。たとえ運よく会社につながり必死にしがみついて毎日出勤しても、給料が増える望みや、年金が十分にもらえる将来の保障など何もなくなってきているのである。

まさに、会社は「残るも地獄、去るも地獄」といった状況になってきた。

「なんでだろう〜」

というのは、テレビ画面のなかのとぼけた笑い話では、けっしてすまないのである。

しかし、時代の転換点は、まさに人々が「なんでだろ〜」と考えるところから始まる。人々には、現在の問題点がわかり始めてきたのではないか。どんな難問も、何がわからないのかがハッキリすれば、かならず理解できる。

これまでは、過去の栄光に縛られていたために、疑問すら感じることのなかった人々が、現在の最大の問題点が「お金が回転しないこと」にあるということに気がついた。そして、つぎに気がつくのは、そのお金に対する「過度の信頼」である。その厚い信頼があるために、なかなかお金を手放そうとしないことに一番の問題がある。

しかし、イラク国民のように、実際に日々の食料が手に入りにくくなれば、だれも「お金」など信用しなくなるのは間違いない。そうした世界の「現実」に目を向けることのない現在の日本国民の態度のほうが「なんでだろ〜」なのである。

現在は大きな転換期であり、パラダイムシフトが起きている。既存の秩序が崩れつつあり、家族、学校、職場、産業界ほか、あらゆる分野でそれは起こり始めているが、突きつめて考えてみれば、労働により価値を生みだすことのできる「商品」を製造する職場が、国内では極端に少なくなったために、いま多くの日本人が「働く」という実感を失っているように思う。

「どのような価値観をもって何を目的に働くのか」

このような問題意識の「変化」が新しい世の中をつくり出していくのだが、より重要なことは、「労働の価値」もさることながら、その結果として生みだされる「お金の価値」が劇的に変化したときに、人々の「心」のなかにどのような変化が起きるのか。ここに「マネーの精神」の秘密と今後の人間の可能性という問題が潜んでいる、と私は考えているのである。

$ 円と三角で心と世の中をみる

「働く」という字は、もともと「人が動く」ことを意味している。それはまた、端（はた）をラクにする（はたらく）ことでもあるといわれているが、いずれにしても人々が行動することは、すべて「働き」になる。その結果が、どれだけの価値を生みだすかは、世の中でどれほど多くの人がその労働に「価値」を見いだしているかによって決まる。

多くの人が「興味」や「関心」を持ったところに「需要」が生まれる。そしてまた、多くの人が価値を見いだしたものは値段（賃金）が上がることになるが、すべては「心の座標軸」がどの方向をむいているのかによって決定されるのである。

「心の座標軸」を考えながら気がついたことの一つは、世の中を分析する場合に「円と三角」という考えかたが、ひじょうに役に立つという発見であった。

人間の性格にも「円満な性格」と「トゲのある性格」があるように、社会のいろいろな局面においても「円と三角」の関係が現われる。

たとえば、個人で商売をしている人にとっては、仕事全体を見渡すために、見る角度＝視野は三六〇度にならざるをえない。ところが、もう一人の社員が加わると、分業化により、その角度は半分の一八〇度になってしまう。

このことからわかることは、ひとつの組織やシステムに参加する人数が多くなればなるほど「円」全体は膨張し、円周も広がっていくが、個人個人の円周を見る角度は、逆に狭くなっていく、ということである。

経済の成長

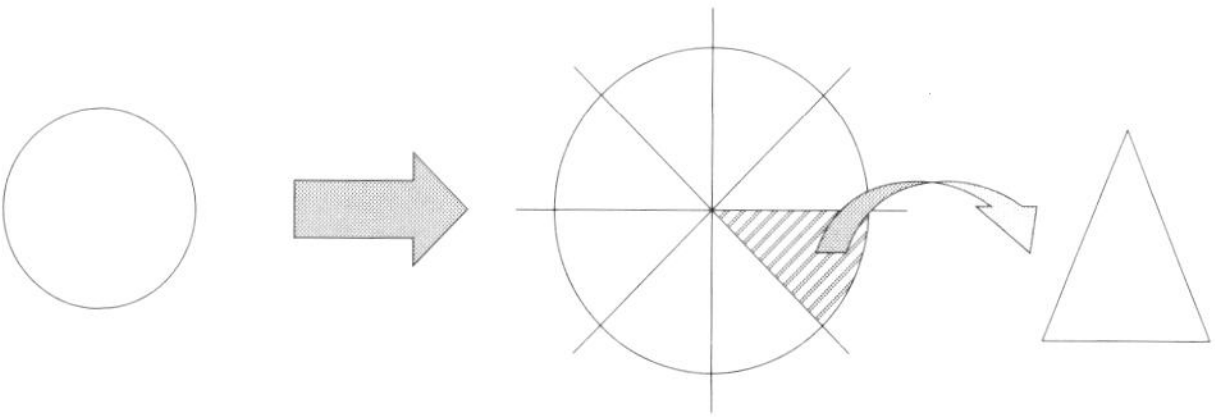

図Ｂ　経済成長と組織化と個人の領域

経済成長とは円全体が大きくなることである。円周が大きくなれば、さまざまな職業が増える。ところが、円が拡大すれば拡大するほど「分業化」が進んでいく。自分の属する社会が狭くなり、ヒェラルキーの構造（三角形）をもつ社会が形成されていく。

経済成長とは、円全体が大きくなることであり、そのときには、いろいろなビジネスが出現する。現在の大都会を見れば明らかなように、さまざまな種類の商売が存在し、それぞれが社会システムの一員となって全体を形づくっている。ところが、全体が大きくなるということは、分業化が進展するということであり、それぞれの組織や会社は「三角形」のヒェラルキーの構造をもつようになる。

そして、円が細かく分かれていった結果として、現在では、隣に住んでいる人が何をしているのかまったくわからない（関心をもたない）というような状況を生みだしてしまったのである。

このような社会においては、当然のことながら、ほとんどの人が、自分が働く会社や所属する組織のことにしか関心が向かなくなり、それと同時に、複雑になった社会機構のなかでは、ほとんどの人がマニュアルどおりの仕事を心がけるために、どうしても機械的になり忙しくなってしまうのである。

ようするに、他人のことなど考える余裕がなくなってしまうのだが、このことが、人々が盲目的になり社会システムに隷従化していく過程である。そして現在のような巨大な社会システムにおいては、こういう特徴をもつ人々が大量に存在している。

どんなシステムにおいても「円」全体が拡大しているときには、あまり問題は起きない。その問題じたいが経済成長によって覆い隠されてしまうからである。しかし、いったん経済が収縮を始めると、いままで隠れていたさまざまな問題が、目に見えるかたちで表われ、噴き出てくる。

この状態が、１９９０年以降の日本の姿であり「失われた一〇年」の正体だと私は考えているのだが、社会システム全体が収縮することにより、はじき出された企業が倒産し、また、多くの労働者が「失業者」となって表われてきた。

だが、「組織」を離れた人たちは、ふたたび「円」の形にならざるをえない。自分の力だけを頼りに生きていかなければならなくなったとき、人は自分自身を見つめ直さざるを得なくなるからである。

そのときに、人は目の釣り上がった「三角形の心」ではなく、「円満な心」を取り戻すだろう。

そして、どんな新しい時代も、このような人々の「心」によって創りだされていくことを忘れてはいけないのである。

$ 株式の需給とポジティブ・シンキング

話を「相場」の世界にもどそう。

以前、ポジティブ・シンキングという言葉が流行したことがある。

これは、すべての出来事を「前向きに受け止めよう」という意味だと私は解釈しているが、より具体的に考えてみると、前向きと、後ろ向き（ネガティブ・シンキング）とでは、その後の「行動」に大きな差が出てくるのである。

これに関連して「コップ半分の水」という有名な話がある。

その残りの水を見て「まだ半分ある」と考えるのがポジティブ・シンキングであり、「もう半分しかない」と考えるのがネガティブ・シンキングである。

このときに、どのような違いが生じるかを考えてみると、ポジティブ・シンキングの場合には、まだ半分あると思うので、その水を有効に使おうとする行動にでるのだが、ネガティブ・

シンキングの場合には、あと半分しかないという消極的な考えに支配され、残りの水を大切に「保存」してしまうという行動になる。

どちらの場合にも「現在の状態」は一緒だが、「将来の行動」にこのような大きな違いが出てくる。つまり、世の中のすべての出来事は人々の「意識と行動」によって決まるために、

「いま人々がどのように考えているか」

を正確に認識し、どのように考え・判断し、どういう選択（行動）をするのかが株式市場においても勝者となるための必須条件なのである。

たとえば、一億円の資産を持っている人が、半分の五千万円を株式に、残りの五千万円を現金に置いていたとする。そして、これから「株式市場は上がる」とポジティブに考えた場合には、現金を減らして株式を増やす。また、ネガティブに考えた場合には反対の行動に出る。

そして、このことを市場の「参加者全体の意識」において考えることが、相場の「需給関係」を見ることとの本質である。ただし、本当のポジティブ・シンキングとは、

「喜神を含む」

という東洋の言葉に表わされるように、どんな場合においてもその状況を「喜ぶ」ことなのである。たとえば「上がる」と予想し、結果がおなじならば、だれもが喜ぶ。ところが、反対の結果が出ると、悲しんだり、怒ったりする。

つまり、自分の考えが間違っていたと思い、自分に対してネガティブな考えかたをするわけだが、大切なことは「なぜ間違えたのか」を考え、二度とおなじ間違いを繰り返さないことであろう。

この積み重ねにより「確固たる投資哲学」が生まれ、成功する場合のほうが多くなるのだが、結局のところは、考えが当たった場合よりも、間違えたときのほうが学ぶことが多い。予想が当たれば「何も考えなくなる」場合が多いからである。

だから、私たちは、つねに「前向き」の自覚がなければならない。「予測」して「現実」があらわれ、そのちがいを「反省」することによって新たな「気づき」がもたらされる。

つねに、この繰り返しによって「進歩」「成長」していく過程が私たちの仕事なのである。

$ MPTとMBS

アメリカにいたときに強く印象に残った思い出がある。

日本から、あるファンドマネージャーがやってきて、モダン・ポートフォリオ理論（MPT）をもとに独自にシステム化した商品を売り込もうとして、その新しい理論をやっきになって説明し始めたのである。

それを最後まで白けた顔で聞いていた、アメリカのベテランマネージャーの一言がふるっていた。

「私はMPTよりも、MBSのほうを信じているんだよ」

それを聞いた日本人は、MPTよりも、さらに新たな理論が生まれたのかと思いこみ、真剣な顔つきになって質問した。

「MBSとは何ですか？」

返ってきた答えは「MORE BUYERS THAN SELLERSである」という言葉であった。

つまり、株式は「買う人のほうが売る人よりも多ければ上がる」という、きわめてあたりまえの真実だったのである。

彼が言いたかったことは、

「どれほど理屈をこねようと、あたりまえのことを忘れたら意味がない」

ということだったのだろう。その後のミーティングが終わるまでの時間が長かったことも忘れられない思い出であった。

相場の世界においては「需給関係」が利益を生みだす一番の決定要因であり、具体的には、

「だれが、どのような株を、買ったり売ったりするのか」

ということが重要なのである。

だが、日本に帰ってきてから奇異に感じたのは、ほとんどの人が「外人投資家がどう考えるのか」については、あまり理解していないということである。いまでは、むやみに外人投資家を恐れ、過大に評価しているのではないか、とすら思うようになった。

その結果として、多くのひとが外人投資家の動向に追随し、彼らとおなじような行動をしているのだが、外人投資家と長年接してきてわかったことは、彼らはきわめて「常識的な判断をする」ということである。ようするに「価値のある銘柄を買い、ないものを売る」という単純な行動に尽きるのである。

私は、これまで「価値がある」と思う銘柄は、たとえ小型株であろうとも大胆に上値まで買ってきた。流動性などまったく気にはしなかった。

「敵を知り、己を知らば、百戦危うからず」

という孫子の言葉があるが、これからは、真に価値のある銘柄を自分自身の目で見いだしていくことが、株式投資の重要なポイントである。

$　2京6000兆円のデリバティブ市場

2003年5月8日、FRB（アメリカの中央銀行）のグリーンスパン議長のコメントは歴史に残る名レポートであった。

　そのなかでグリーンスパン氏は、７ページにもわたり延々と「銀行の信用」と「デリバティブ」の問題について述べている。

　とくに重要な点は、２００２年末現在で１京７０００兆円にも達していたデリバティブの「総額の膨大さ」もさることながら、その３分の１をたった「一社」が保有しており、さらに全体の３分の２も数社で分け合っているという「集中化」について懸念を表明した、という点である。

　たとえば日本の予算は年間約８０兆円である。それにくらべて右の額は途方もない「数字」であることがわかるであろう。

　グリーンスパン氏は「銀行の信用」についても、

「どんな商売も相手の言葉が信用できなければ成り立たない」

とまで言い切っている。そして情報開示だけでは不十分であり、より高度な「透明性」が不可欠であるとも述べているのである。

「この情報開示の透明性が守られるのであれば、今後もデリバティブはアメリカにとってメリットのほうが大きい」

　と結論していたのだが、その年の初めのウォーレン・バフェット氏の発言に続き、デリバティブに対しての警告ともとれるコメントが発表されたことの意味は大きい。

まず、金融派生商品（デリバティブ）とは、わずか二〇年ほどで大膨張をとげた、いわば資本主義時代の最後の「成長商品」であることを再確認しておきたい。

「お金がお金を生みだす」

という、まさにギャンブル・エコノミーのきわみともいえる究極の商品である。それはニクソン・ショック以後、金本位制から信用本位制に移った金融システムのもとで、コンピューターのなかの「数字」がお金になったために生まれた産物である。

それが、いま最終局面にいたってグリーンスパン氏が警告を発するほどの集中化が起きているわけだが、それは言ってみれば、まさに「池の中のクジラ」の状態であり、とても窮屈で身動きができなくなっているのである。大手の保有者が市場から抜け出そうと思っても、代わりに買ってくれる人（お客さま）がいないという状況なのだ。

そして、やはり金融界の今後の最大テーマとなるのが「通貨制度の変更」であろう。

だが、これはあまりにも大きなテーマであるために、ほとんどの人にとってはピンとこないかもしれないが、ようするに「お金が本当にあぶない」のである。

1971年のニクソン・ショック以降の通貨制度は、「金本位制」が崩壊し、貨幣にたいする「信用」だけを基本にしてきた。

くりかえすが、「お金」の概念が大きく変化し、コンピューターのなかの単なる「数字」が「お金」になった。そのために金融商品が大きく膨張し、デリバティブという金融派生商品が2京6000兆円という天文学的な規模にまで膨らんでしまったのである。

しかし、どのようなバブルも永遠に膨張し続けることはできないために、現在の世の中では、アメリカのドルを始めとして、さまざまな矛盾と混乱が噴出することになった。

だが、残念ながら現在の日本には、このことの深刻な意味について理解している人は、まだまだ少ないようである。

(まだ明らかにはされていないが、2004年1月のG7では、国際通貨制度の新たな「共通手段」が議論された可能性があり、そこでは「賢者の石」が話題になったと思われる)

$「賢者の石」はふたたび輝くのか？

2004年は、1944年に開かれた「ブレトン・ウッズ会議」から、ちょうど六〇年目にあたっていた。制度疲労を起こしている現在の「通貨制度」に対する見直しをするには歴史のサイクルからいっても好機であったといえる。

さまざまな問題に直面している金融界で、世界の中央銀行は、まったく新たなルールづくりに取り組んでいるのではないか。

デリバティブとは、そもそも「枝葉」を意味する言葉である。まさに、お金の基本である「信用」をもとにしてさまざまな金融商品が生まれ、その最終段階に至って、

「葉っぱが生い茂った」

という状況にあるのが現在の金融界の風景である。

2500兆円といわれた「日本の土地バブル」に比べて、その一〇倍の規模にまで膨れ上がったデリバティブ・バブルも、いよいよ最終段階を迎えようとしている。土地バブルのときには、日本の「お金」で世界中の土地が買えるといわれたものだが、いまでは、

「地球がいくつ買えるか」

という話にまで膨らんでしまったのである。

「お金のバブル」が崩壊したときには、通貨制度の変更は余儀なくされるであろうが、現在の「信用本位制」が「金本位制」「商品バスケット本位制」へと変更されることを私は想定している。その根拠のひとつとして「現在のお金の価値は百年前にくらべて約一〇〇倍になっている」という重要な事実がある。

世界に存在する「金」は全部で十四万トンであり、一グラムあたり約1600円であるから総額は、約220兆円である。それにたいしてデリバティブが2京6000兆円なのであるか

ら、ほぼ1対100の比率になる。

この「バブル」が崩壊したときには、この比率が1対1になるために、だれもが信じられないような、

「ハイパー・インフレの時代」

が到来するのは、時間の問題なのである。

2000年代前半の五年間で、民間銀行の信用不安が山場を過ぎ、現在では国家財政や年金が国民の最大の関心事になっている。

このことも歴史の流れからみれば当然の「流れ」であったのだが、国家の力は、やはり60年サイクルで興亡を繰り返していることを確認して、あらためてその不思議な動きに感心せざるをえない。

あと数年間で、国民が絶大の信頼を置いている「一万円札」や「国債」の価値が激減していくことは確実に予想される。

このことが、「金融敗戦」の本当の意味である。苦境に陥った民間銀行を国家の力で救済したという事実は、とりもなおさず中央銀行である「日銀」の信頼が揺らぎ始めたことを意味している。そして、国家財政も「自転車操業」の状態にあることが明白になってきた。

借金の繰り返しには当然、限界がある。それで多くの人が、いま国債や一万円札を持つより

も株式や金（ゴールド）に換えたほうが安全ではないかと考え始めているのである。しかも、このことは日本だけに限らず、すべての先進国で起きている確実な動きである。

時代は、すでに「大転換期」にはいっている。

多くの人々は、いまは「デフレ」の時代であると錯覚しているが、世の中はすでに「インフレ」にむかって黙々と（着々と）動き出しているのである。

$ マグマのようなインフレ圧力

「初期のインフレほどわかりにくいものはない」

とはよくいわれることであるが、それは目に見えない形でここまで進行するものか、とあらためて驚かざるをえない。

にもかかわらず、世間の人々は、目に見えるかたちの「狂乱物価」にまで事態が悪化しないと、インフレを認識することができないのであろう。

だが、そのときには、すでに手遅れなのである。

三〇年前も、ほぼおなじ状況であった。「大豆」や「とうもろこし」などが急騰し、「金」の価格も2倍に上がっているというのに、人々は目の前の雑事に追われ、呑気に暮らしていた。

しかし、その数か月後には「中東戦争の勃発」と「オイルショック」が起き、あっというまに狂乱物価の時代へと突入していったのだった。

1973年の「トイレットペーパー騒動」を覚えている人はどれくらいおられるだろうか。

三〇年前と今とでは、いろいろな状況の違いはあるにしても、

「インフレには30年サイクルがある」

という基本的な事実が存在するのは間違いないことである。

しかも、ほとんどの人が当時のことを忘れてしまい、反対に「物価は下がるのがあたりまえである」という考えに凝り固まってしまったときに「インフレ」はスタートする。今回は「国家財政」や「通貨」に対する不信も重なっているために、三〇年前とは比べものにならないほどの潜在的な「インフレ圧力」がマグマのように溜まっているのである。

考えてみると、人間の記憶というものは、二〇年がひとつの限界なのではないかと思われる。それを過ぎると、ほとんどの人は「過去」を忘れてしまう。それで、世の中の動きに「サイクル」があらわれてくるのかもしれない。

お金というものは、値上がりするものへと流れていく性質をもっている。

そのお金が、2000年代が始まって数年すると、それ以前から値上がりを始めていた「一次産品」へ大量に流れ始めたのだが、この流れを喰い止めることは、政策では不可能である。

結局は「行き着くところまでいかなければ収まらない」というのが歴史の教えるところだが、例外はなさそうである。

いま、多くの人が首をひねっているのが、

「デフレのはずなのに、なぜ一次産品価格が値上がりするのか？」

ということであろう。

だが、この理由は、経済の原点から考えてみれば、きわめて単純なことである。

ようするに一次産品を加工することによって二次産業が成り立っており、さらにそのうえに三次産業が成り立っていることを忘れてはいけない。経済の基本である「一次産品」の需給関係が逼迫し、値上がりを始めたために、順次、その他の産業に影響を与え始めたのである。

現代社会の成り立ちをよく考えてみれば、このことは至極あたりまえのことである。

私たちの身のまわりにある商品は、ほとんどのものが石油ほかの一次産品を加工したものであり、食料にしても同様である。高度に発達した文明社会の人々は、衣食住という「暮らし」の基本からからどんどん離れてしまい、

「生活にとって何がいちばん必要なのか」

という根本的なことを忘れてしまった。

経済の基本である一次産品価格が急騰するという現象は、その後に、大きな波及効果をもた

らすことを意味している。

つまり、二次産業や三次産業、そして金融商品全般にまで影響が及んでいくのだが、ほとんどの人は、自分に火の粉が降りかかるまでは「実際には何が起きているのか」を理解しようとはしない。

それで、いままでどおりの生活を享受できると考えているようだが、最も大きな問題は、現代の人々が経済（暮らし）の原点（基本）を考え始めたときには、かならず「お金」の原点にまで考えがたどり着く、という点である。

この点に、危うさを感じはじめたら、それは現在の「国家」や「中央銀行」に対する不信感へとつながり、やがてその危機意識はぎりぎりまで増大し、ついには爆発することになる。

「天災は忘れたころにやってくる」

という言葉があるが、2000年代の中間に起こるハイパー・スタグフレーションの始まりが、まさにそれである。

ほとんどの人が「経済」と「お金」の根本原理を忘れてしまい、現在の生活があたりまえで永遠に続くものと錯覚してしまったために、気がつかないうちに一次産品の需給関係が想像以上に締まっていたのである。

$ いつのまにか「富」が移転していく

2000年代も五年目をむかえ、いよいよ大々的な「インフレ」がスタートする段階に入った。これから起きることは、株価や商品価格の大幅な上昇である。その結果として「富の大規模な移転」が起こる。

いま「預金」を持っている人から「株式」や金（ゴールド）などを持っている人たちへと、投資家が気づかないうちに富（利益）が移転しているのである。

このことが、

「一〇年ごとに投資対象が変化する」

という私の言葉の意味なのだが、そろそろ人々はこのことに気づき始め、自分の「お金」を動かし始めているようだ。預金に対する信頼が減少してきたために、「金」「銀」「原油」などの商品、あるいはそれに関連した株式へと、資金が大きく移動を始めているのである。

これは、金融の混乱による「商品価格の上昇」を意味しているのだが、現在の投資理論では、インフレは株価にとって良くないといわれている。

だが、本当にそうだろうか。

「インフレの時期には、株価はそれほど上昇しない」

ということがアメリカの学問では常識になっているのだが、ここには大きな「落とし穴」が潜んでいる。

それは、この理論を生みだした時代が「戦後の高度成長期」だったという点である。二〇〇〇年の歴史のなかでは、きわめて異常ともいえる1950年代以降をサンプルにしているために、その他の時代には、この理屈はあてはまらないのである。

「インフレかデフレか」

という状況の見極めかたには大きな問題点がある、ということはすでに前章で述べたとおりである。現代のように商品の種類があまりにも膨大に増えた状況では、インフレを図る「指数」そのものが信憑性を失っている。

にもかかわらず、さまざまな意見が出て「百家争鳴」ともいえる状況になり収拾がつかなくなっているが、その結論は、「お金に対する信頼感があるかどうか」だけがインフレやデフレを決めるといってよい。人々が国家や通貨に対する信頼感を失い始める「時点」が、これまで経験したことのないような大インフレの「スタート」になるのである。

そのときに起こることは、

「実物資産を持っている人たちに『富』が集中し、逆に金融資産を持っている人たちは『富』

を失う」

ということが歴史の教えるところであり、自己防衛を図ることが今ほど必要な時期はないのだが、そのためには、過去の残像を完全に拭い去らなければならない。

「お金の価値と形態は、時代とともに大きく変化する」

この大原則を、けっして忘れてはいけないのである。

$ マネー経済とハイパー・スタグフレーション

現実から乖離した「理論」ほど恐いものはない。

理論、という言葉じたいに何か「高度な考え」がつまっていると人々は錯覚する傾向がある。だが、しょせん理論（理屈）というものは、机の上に飾ってあるようなものが多く、それを盲信してしまうと、複雑な現実社会では「根本的な」間違いをおかすことになりかねない。

極端な例が、三段論法的な理屈である。

「A＝C」「B＝C」である場合には「A＝B」になるというものだが、このことを単純に応用してしまうと、「人間は動物である」「猿も動物である」それゆえに「人間は猿である」という結論を導いてしまう。

このように、ものごとを誤って抽象化して考えた場合には、信じられないような間違いを犯しやすいのだが、現在の経済学においても似たような間違いが頻繁に見受けられる。具体的にいえば、いま話題になっている「金利上昇」を考える場合にも、「景気が好いから金利は上がる」と短絡的に考えられているようだが、ここにも大きな間違いが潜んでいるのである。

実際に起きることは、

「経済が成長すると、お金の総額が増える」

ので、その結果、

「お金の値段である金利は、お金が増えたことにより低下する」

という結論である。

お金の値段（価値）とは、金利の多寡であることを忘れてはいけない。

現在では、実体経済とマネー経済（金融経済）の大規模な乖離がいちばんの問題であり、１９８０年代以降、実体経済の成長が止まったにもかかわらず、金融経済だけが飛躍的な発展を遂げた。その結果として、デリバティブをはじめとした金融商品が空前絶後ともいえる金額にまで大膨張し、「お金」がコンピューターのなかで大量にふくれあがる事態を招いたのである。

このことが「金利低下」の本当の原因であり、日本の一〇年国債が０・４３パーセントという史上最低の金利を記録した根本的な原因である。

ところが、２０００年代も中盤を過ぎて実際に起きていることは、この流れが逆回転を始めたということである。

それは、

「お金の総量が減少している」

ことを意味しているのだが、これによって起こる「金利上昇」については、現在の経済学では説明が不可能なのかもしれない。

結論からいえば、金利が上昇してこれから起きる事態は、１９７０年代に起きた「スタグフレーション」であると思われる。

「景気の悪化とインフレが同時に起きる状態」

がスタグフレーションであるが、私はそれを想定している。しかも、それは当時よりもはるかに大きな規模で起きるものと考えているのである。

そして最後には、ハイパー・スタグフレーションを招かざるをえないような状況がやってくるであろうが、その詳述は最終章にゆずりたい。その理由は、お金の原点と、ほんらいのお金の働き（マネーの精神！）を正確に理解しなければ、やがて訪れる近未来の「日本の姿」を予測することができないからである。

$ 政治家は「養命酒」に学ぶべきである

この章では「需要」をあつかうことによって、現在の経済状況と人々の「お金」にたいする「異常な関心」について考えてみたかったのだが、最後はハイパー・スタグフレーションという、あまり歓迎されない近未来の経済社会像を描かざるをえなくなった。

最後に「養命酒」という商品にふれておきたい。

「企業の寿命は三〇年」という言葉が以前に流行したが、多くの企業はたしかに三〇年前後で、存続が難しくなる場合が多いようである。しかし、優良企業のなかには何百年と生き続けている会社もある。これは、よほど優れた商品を持っているか、あるいは世の中の変化にうまく対応し続けることに成功してきたということだ。

養命酒は、四〇〇〇年ほどの歴史を持っているが、単品経営で、これほど長く生き残れた商品の存在に驚かざるをえない（株式会社養命酒、一部上場）。べつの例でいえば「三越」（越後屋）のように、時代の流れにうまく対応して永く生き続けているケースもある。

どちらの場合も「顧客との結びつきが密接だった」ことが成功の理由ではなかったかと考えられるが、つねに顧客（需要）本位の経営をしてきたからこそ、長期間の存続が可能だったのであろう。

反対に、つい先だっての三菱自動車の「クレーム隠し事件」は残念なことであった。

顧客の苦情を無視して自分の会社の利益だけを考えた場合には、どれほど大きな会社であろうとも（反対に大きな会社ほど）、存続じたいが危うくなってしまう好例であった。このことは通貨（円）にもそのまま当てはまる。

「商売は信用が一番」

という信条は、いかに時代が変わろうとも基本的な真実である。

「奢れる者は久しからず」とは、古来から人口に膾炙した言葉である。

かつての「雪印事件」や、さきの「三菱自工」のケースを見ると、すべては「自分の利益」だけを考え、「他人の利益」を無視したことに根本的な原因がある。そして顧客から受け入れられる「立派な商品」を持たない限り、すぐに、お客さまから見放されてしまう。

このことは企業に限らず、政治の世界においても同様である。

選挙の結果は、有権者との取り引きの成果であるとも考えられる。

もちろん、国民のほうにも大きな問題があるのだが、「選挙によって自分の生活が決まる」という根本的なことを忘れているために、選挙に対して無関心になっている。このことは、民主主義の現状にかぎらず、経済面での「お金」にたいする現代人の感覚と、どこか似ているのではないか。

大借金にまみれているのが、いまの日本国の「ありのまま」の姿である。

それを謙虚に国民（顧客）に知らせ、命をかけて対策をねるのが政治家の仕事（役割）ではないのか。

対象（政治・お金）と自分自身とのあいだに途方もない大きな隔たりが存在するのが、現代社会の特徴であるのは仕方がない。しかし、その「結びつき」がゆるくなった国家というのは、企業同様に、存続そのものがむずかしくなるのではないか。

六〇年前が、まさにそうであった。

情報をひたかくしに隠し、真相を明らかにしなかった軍部の独走により、国が潰れた。

もう一度、相当の混乱期を経て、ふたたび国民のことを考える政治家や官僚、顧客を大切にしてくれる企業が誕生する可能性のほうに、私は期待しているのだが。

第三章　心の座標軸と世の中のサイクル

【暦（こよみ）が私に教えてくれた秘密】

人間がつくりだす歴史には、確固とした「サイクル」が厳然と存在する。

そのサイクルに着目し、歴史・世界観を塗りかえたのが「文明法則史学」である。

この学問に初めて出会ったとき、私は、西洋合理主義にもとづく従来の投資理論に限界を感じていたので、即座に「これだ！」と直観した。

経済の動きを敏感に読みとり、投機を成功させるためには、もちろん相当の勉強をしなければならない。

私たちは、日々の利益・損失をもたらす最終的「判断」（投資の決定）をするために、あらゆる生きた情報を集めている。だが、それらをどのように解釈し・未来をどう読むかという基本的な考えかたと行動は、自分自身の努力で身につけなければならないのである。

そのさい、机上の学問ならいざ知らず、この修養は決して他人まかせにはできない。そのために、幸運にも私がめぐりあえたのが、村山節先生の文明法則史学だったのである。

世の中の動きというのは、いま、私たちが生を受けている歴史のなかの「現在」そのものの動きである。

そして、いうまでもなく「現在」は、過去から未来へと続く時間のなかの、ある「位置」を占めている。そして、そこで生きている私たちの社会のありようを、この学問は「サイクル理論」をもって、みごとに解き明かしてくれるのである。

$ アニバーサリーとサイクルの不思議

人間の歴史の大きな「サイクル」が一まわりするためには、1600年という長い時間が必要であり、このサイクルのなかに、より小さな60年サイクルが存在している。これが、文明法則史学や東洋学の教える大前提である。

しかし、1600年という時間は、じつに遠大な話であり、かつては五〇年といわれた人間の一生からみれば、ほとんど実感のわかない話であろう。

だが、私たちが暮らしている「現在」も、間違いなくそのサイクルのなかに存在しており、とくに「投資」という経済活動にたずさわる私にとっては、このサイクルには無関心ではいられないのである。

このサイクルが厳然として「存在する」ということを認めると、あらゆる出来事が自然に受け容れられるようになる。

相場にかかわって三〇年近くになるが、この間に、私は不思議な出来事を何度も経験した。

そのひとつに「アニバーサリー」と呼ばれるものがある。

これは、

「ある一定の日に、ある出来事（変化）が起きることがある」

というものだが、その典型的な例が１９４５年８月１５日と、その二六年後の１９７１年８月１５日であった。

前者はいうまでもなく「日本の敗戦」であり、その二六年後の同じ日に、金融の歴史において最大級の事件である「ニクソン・ショック」が起きた。

私には、このことが単なる偶然とは思えず、不思議でならなかった。いろいろ調べてみると、この二つの出来事の関連性は、戦後の二六年間に日本が「高度経済成長」を遂げたことに根本的な原因があり、その「終焉」を知らせるきっかけとなったのが、実はニクソン・ショックであったということが、あとになってわかった。

もうひとつ面白い点は、そこで実体経済の成長が「止まった」（終わった）にもかかわらず、その後に金融経済の大膨張が「始まった」という事実である。

その理由は、人々の「意識」が大きな変化を見せ、

「経済は成長するのがあたりまえだ」

という考えをもつようになった点にもとめられる。

つまり「実体経済」の高度成長が、その後の「金融商品」の大規模な成長へとつながり、さらに面白いのは、ニクソン・ショックから、ちょうどまた二六年後の１９９７年８月１３日に、その膨張が終焉を迎えたことである。

そのとき、何が起こったのか。

その当時、１９９６年末に、私は「９７年８月１５日は要注意だ！」と言い続けていた。そして、その予想はほとんどたがわずに、８月１３日からタイで「信用収縮の波」が始まり、世界に拡がっていったのであった。この年に、日本でも山一証券や北海道拓殖銀行が倒産した。

ほぼ一〇年前の出来事であるが、このことは金融商品の高度成長が「終わりの始まり」を迎えた、ということを意味していたのである。

そのころ、私は「終戦」前夜のことを調べていた。すると、やはり8月13日頃には、すでにその決議が出来あがっていたらしく、このことにも何か不思議な感じがしたのを憶えている。

$ 政治介入の60年サイクル

問題なのは、その後の展開であった。

日本では、政府による「銀行への資本注入」が常套手段となり、アメリカにおいてもデリバティブとよばれる金融派生商品の大膨張に歯止めがきかなくなった。そして「政治の介入」以外に危機を回避する手段がなくなっているのが現在の状況である。

金融商品の高度成長が終焉するにあたり、その全面的な「崩壊」を力ずくで押さえにかかっているのだが、そこには西洋人にとっては1929年（昭和4年）に起きた「ニューヨークの大恐慌」が大きなトラウマになっていた。つまり、「信用収縮や信用崩壊が続いたときには、世界的な大恐慌が起きる」と大きな懸念を抱いたのであった。

そのために、「Too Big To Fail という「大銀行は絶対に潰さない政策」が全世界的に採用されたのである。その結果として、第二次世界大戦時と同様の一種の「統制経済」的な市場が形成された。換言すると、ありとあらゆる問題を先送りにして「銀行への資本注入」や政府による「国債の買い付け」を続けたために、国債やデリバティブの「バブル」が世界中で膨らんだのであった。

しかも、デリバティブにかんしては、ほとんどが簿外取引（いってみれば裏帳簿）でおこなわれるという、これまでの資本主義社会では考えられないようなビジネスの方法が始まり、それが常態化してしまったのである。しかし世界の各国は、この点についても目をつぶり、バブルの崩壊だけを、ひたすら恐れたのであった。

ほんらい自由な経済競争に「国家が介入する」というのは異常事態である。

しかし、前記のように「世の中が行きづまりを見せたときには政治の介入が起きる」ということにも、不思議な60年サイクルが存在する。

そして、あるときには政治の介入が「戦争」というかたちで現われたり、今回のように「国債の大量買い付け」「異常な低金利」「デリバティブの大膨張」というようなかたちで現われたりする。結局は、破綻を先送りにするだけの話なのだが、その結果として「より悲惨な結末を迎える」ということは間違いのない歴史上の真理なのであろう。

前述のように、どのようなバブルも、かならず弾ける運命にあるのだが、六〇年前と同様に、2005年が、その年に当たろうとしている。第二次世界大戦「敗戦」の1945年からちょうど六〇年後に「金融敗戦」が起きようとしているのだ。

そして結局は、どちらの場合でも、政治の介入により、

「国民にしわ寄せがくる」

という結末になるのは残念なことである。

六〇年前の日本人は、心の底では「何かおかしい」と感じながらも「戦争に負ける」などとは考えたくもなかったのであろう。

だが、残念ながら、敗戦という「当然の事態」が起きたのである。

人間がつくった社会の中の出来事であるかぎり、異常な事態は、かならず「正常化される」というのは歴史が伝えている教訓である。そこにはまた「上がったものは下がり膨らんだものは必ず収縮する」という当然の真理もはたらいている。

ただ、私が悩んだのは、

「おなじ国民が、なぜ同じような失敗（愚）を繰り返すのか？」

という点であった。

六〇年前は、敗戦により戦時国債はタダの紙切れ同然になったが、現在では当時よりもさらに多くの国債が発行されているのである。そして、だれも国債が紙切れになるとは考えずに、政府や日銀を信用し続けているのだが、すこしだけ歴史をさかのぼれば、現在の国債がどのよ

うな「結末」を迎えるかは歴然としているはずである。

そうはならない、という根拠が何かあるのだろうか。

$ 心の座標軸と歴史のメカニズム

「信用は一瞬にして崩壊する」

ということも歴史的な事実である。

そして、いったん裏切られた信用が回復するのには長い時間が必要になる。日本の国債も、紙切れになった後に、ふたたび発行されるまでには二〇年もの時間が必要であった（戦後はじめて復活した国債発行は１９６５＝昭和４０年）。

しかし現在では、こんな大事な出来事も忘れ去られ、六〇年前の日本人とおなじように「負けるはずがない」というような心理状態に陥っている。

今後の世の中を予想する場合、考えなければいけないのは、現在のコンピューターマネーに対する信頼感が崩壊したあとに起こる出来事である。

たびたび述べてきたように、

「信用の崩壊が起き、裏切られたと感じた人々は、その後、どのような行動をとるのか」

ということだが、今回、参考になるのは「西ローマ帝国の崩壊」という歴史的大事件ではないかと私は考えている。前にも述べたように、それはちょうど一六〇〇年前の世界であると同時に、現在の世の中が一六〇〇年前のローマ帝国の姿とじつによく似ているからでもある。

もし、その当時とおなじような軌跡をたどり、世の中が変化していくのだとすれば、西洋の社会は「ビザンティン文明」にあらわれた社会機構や精神構造と似たようなありかたを指向していくことになりそうだが、それは具体的には、

「物質文明を放棄して、精神世界へと人々の興味と関心が移っていく」

ことを意味している。

当時の東ローマでは「神とともに生きることが最も尊いことだ」と考えていたと思われる。はたして同じようなことが繰り返されるのだろうか。あるいは、それとはまったく次元の違った進歩をみせ、新たな社会が形成されていくのだろうか。

私は、このことを理解する方法として「心の座標軸」を考え出したのである。

それは、

「人々が(歴史が)動くメカニズムを理解することにより、さらに高度の経済学＝人々の暮らしのありようを解明する知恵が創られる」

という「進歩」のありかたについての考察でもある。

私は、ここにポイントがあると思う。これまでのように「奪い合い」の経済を理論化するのではなく、「分かち合い」の経済社会をつくりあげる「知恵の考案」ということになるが、抽象的な理論では、もはや役には立たない時代である。そのためには、もっと具体的な観点をもって社会のメカニズムを解明しなければならない。

「心の座標軸」は、同時に、新しい投資セオリー（世の中を読む方法）でもある。

それは、その時代の人々の「心」がどこを向いているのかに注目し、その心をもつ人々がとるであろう「行動」を予測するという方法である。その「心の方向性」を正確に把握することが、新たに形成される時代を展望するうえで重要なポイントになるのである。

$ 円周にむかう「こころ」の中心点

大きな歴史のサイクルのなかに私たちの日常の生活がある。そして人間は、だれしも「心」をもっている。その「心」が需要を決定していることは、すでにふれたとおりである。

そして人間の「心」は、つねに中心点から円周のどこかに向かって、かならず指している方向があり、その方向性を決めるのが、その人の「価値観」である。

たとえば「気が合う仲間」というのは、心がおなじ方向をむいている人たちのことをさしている。それは「同志」という言葉によく表われているが、事業を起こす場合でも、あるいはサークルなどの集まりにおいても、同じ「志」を持たない限り、組織化は起きないのである。

多くの人々は、心の方向性がおなじ人に対しては「好感」を持ち、違った方向の人を「嫌い」と感じる。

嫌い、とまではいかなくても苦手くらいには感じているだろう。このことが何を意味するかといえば、どんな人も何らかの「価値観」にとらわれていて、その価値観を否定された場合に嫌悪感を抱くという心理作用である。イデオロギーの場合には、これが極端化する。

いま、現代人の多くが「お金」に価値を見いだしているわけだが、このときの「心の方向性」は「心の座標軸」において「自分」に対して向かっている。そして現代は「自己中心主義」のピークともいえる段階であり、多くの人が自分の利益を追求することが一番だと考えた結果が、いまの世の中をつくりだしているのである。

こうした「心」の方向性は、それぞれの時代の「常識」を生みだすが、逆に、この常識が人々の心に「とらわれ」をもたらす。多くの人々は、その「とらわれ」に知らないうちにふりまわされ、時代の波に流されていくのである。

しかし、人間の成長とは、その「とらわれ」をなくすることではないか。

たとえば「投資哲学を持つ」ということは、私自身が、さまざまな投資体験を経ていくなかで「こだわり」をなくしていくプロセスだといえる。それは言い換えれば、すべてのものを円の中心から「同じ距離」をもって眺めることができるようになる、ということである。

私たちの仕事は、数ある銘柄の中から「価値のあるもの」を選択し、投資のための判断をおこなっていくのであるが、一言でいえば、時代の「流れ」にあった銘柄をさがす、ということに尽きるだろう。そのような銘柄は、その後に「共感者」という「同じ価値観」を持つ人を集め、その人たちの「買い」が増えることにより、結果として価値が上昇するのである。

私たちの投資が成功するかどうかは、人々の「心」がどの方向をむいているのかを研究し、少しだけ先回りをして投資することにあるのだが、そのときにつかうのが「心の座標軸」なのである。

$ 需要をとらえる心の座標軸

四書五経の一つである『大学』に、つぎの言葉がある。

「心ここにあらざれば、見れども見えず、聞けども聞こえず、喰らえどもその味を知らず」

このことばが意味することは、人間は、自分の「興味」や「関心」のあるものに対しては大いに注目するのだが、心が向かないものに対しては、見ても聞いても、あるいは食べた物でさえ、まったく覚えていないものだ、ということを説いている。

考えてみれば、人の関心（心の方向性）というものは、ひじょうに狭い範囲にしか向かわないのではないかと思われる。とくに組織化され、分業化した現代では、なおのこと狭くなっている。

結局、その人々の「心の集合体」が世の中を形づくるのであるから、現代人の心が「どの方向をむいているか」に注目することは、そのまま社会状況の把握につながっていく。

ほんらい人間の心は、三六〇度の円のうち、どの方向にでも向くことができる。

このことは、仏経に「一念三千」という言葉があるように、もともと人の心は三千世界のどこにでも向くことができ、その心によって、そのひとの人生が決まってくるというのとおなじである。

この「心の方向性」と「文明法則史学」とを結びつけると、世の中の「変化の法則」が見えてくる。

たとえば、中世の時代には、人々の心は「目に見えないもの」に向いていた。それは「神」とともに生きることがもてはやされた時代である。ところが西暦１２００年以降、こんどは「ルネッサンス」という言葉に代表されるように、人々の心は「目に見えるもの」へと向かっていった。そして現在は、一六〇〇年前のローマと同様に「目に見える物質文明」がピークをつけようとしているのである。

円運動を時間軸に直すと、「文明法則史学」の曲線が現われる。ここに東洋学の「陰と陽」とを組み合わせると、西洋と東洋の文明が交代する時期が、ちょうど現在にあたっているのが読み取れるだろう。

人々の「心の方向性」が円運動をえがくことにより、世の中は変化していく。より具体的には、円のタテ軸は「意識」であり、ヨコ軸は「行動」である。それは、「目に見えるもの」と「目に見えないもの」あるいは「自分」と「他人」という両極のあいだを、心が「右まわり、回転」(円運動)をすることによって、その時々の時代が形成されていくものと考えられる。

この法則をつかって「現代」を分析すると、心の方向性は「目に見えるもの」と「自分のこと」だけに向いていた時代のピークを過ぎ、少しずつ「目に見えないもの」と「他人のこと」へと向かいつつあるように思われる。

このことが、

「二十一世紀は心の時代」

といわれるキャッチフレーズの中身ではないか、と私は考えているのである。

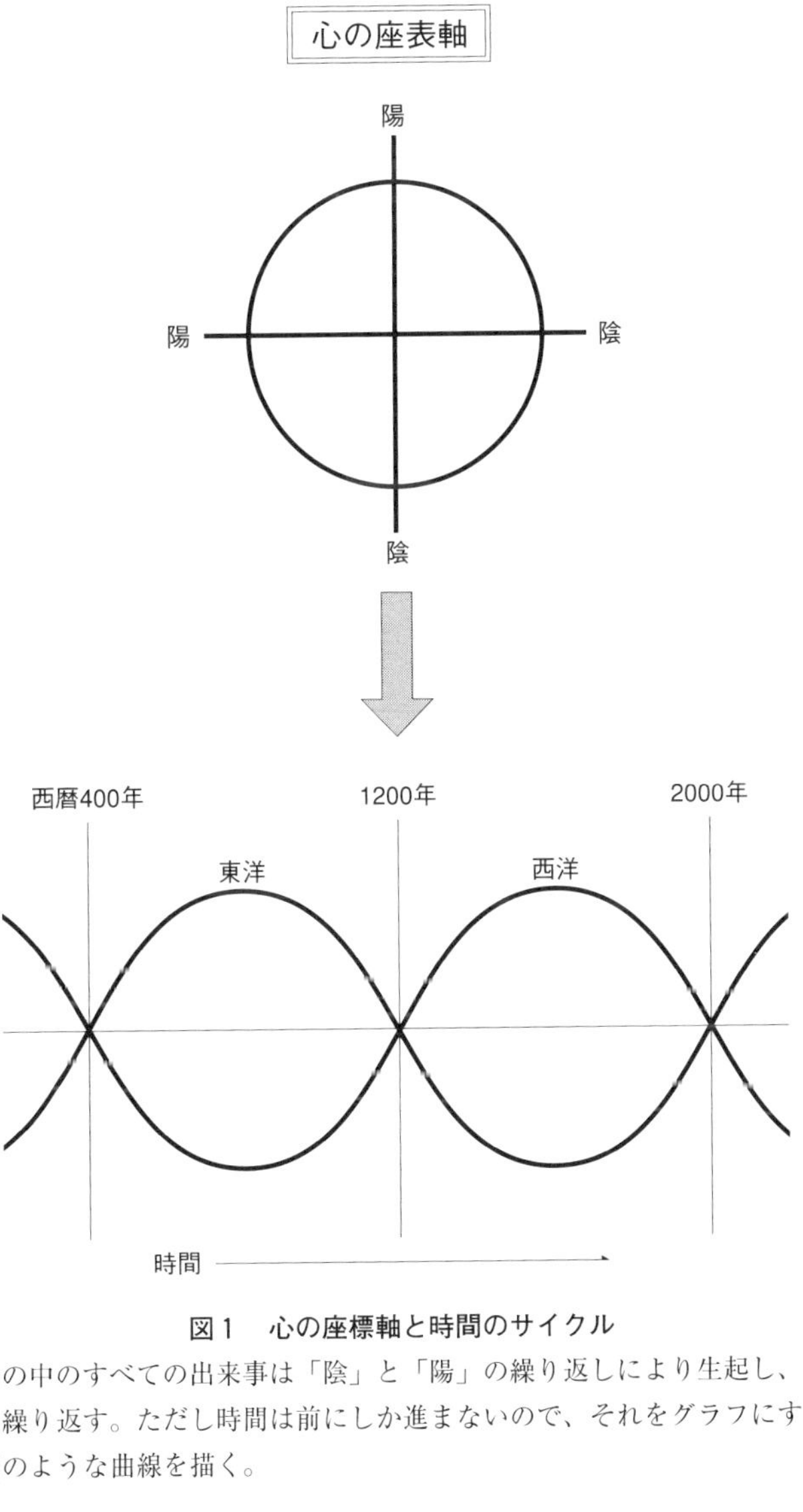

図１　心の座標軸と時間のサイクル

世の中のすべての出来事は「陰」と「陽」の繰り返しにより生起し、円運動を繰り返す。ただし時間は前にしか進まないので、それをグラフにすると下図のような曲線を描く。

§ 心のエネルギー【陰と陽の世界観】

東洋学の基本概念のひとつに「陰と陽」がある。

このことは、太陽が地球を照らしているところを思い浮かべてみれば、わかりやすい。

地球が回転することにより、昼と夜が交互に繰り返され「時間」が経過していく。そこには「陽」には陽の役割があり、「陰」にも必要な役割がある。

ところが、この概念を西洋の考えかたに直すと、「陽」はプラス、「陰」はマイナスにとらえられ、その結果「プラスは良くて、マイナスは悪い」というように短絡的に考えられてしまう傾向があるが、そうではないのである。

ほんらい「陽」のはたらきは「分化」を意味している。これは太陽が地球を照らすことにより植物が生まれ、成長していくようすを表わしているのだが、その裏には、じつは種が持っている「潜在エネルギー」を使うことにより、植物が成長すればするほど潜在エネルギーが「低下」していくという意味が潜んでいる。

「陰」のはたらきは、いってみれば、夜になると睡眠をとり、潜在エネルギーを「蓄える」ことである。

もし、私たちが住む世界が一日中、昼ならば、この潜在エネルギーを蓄えることができず、成長することが不可能なことは自明の理であろう。

こうして世の中のすべての出来事は「陰」と「陽」とが交互に繰り返されることによって起こっており、これによってあらゆるものが生成発展しているのだが、このことは目に見える「物質」だけに限らない。目に見えない「意識」においても同様なのである。その結果として「文明」の発展があり、文明法則史学がいうように、西洋と東洋の文明が８００年サイクルで交互に繰り返されるのである。

ただし、その時々の「現実」に生きている人々は、

「必然的にその時代の『常識』に凝り固まっている」

という点に注意する必要がある。

現代でいえば、人々の意識の大部分が「お金」に対して絶対の価値を置き、がちがちに凝り固まっている状態である。そして、ほとんどの人が「目に見えるもの」が良いと考え、「自分のため」にだけ行動した結果として、現代社会の歪みがもたらされた。

心の座標軸が、タテ軸の「目に見えるもの」に向いていたのが二〇世紀という時代であり、ヨコ軸では「自分」の方向にだけむかったために「お金」が大量に生まれた。

しかし「陽」が極まれば、かならず「陰」に転ずる。２０００年（平成１２年）が、人々の心

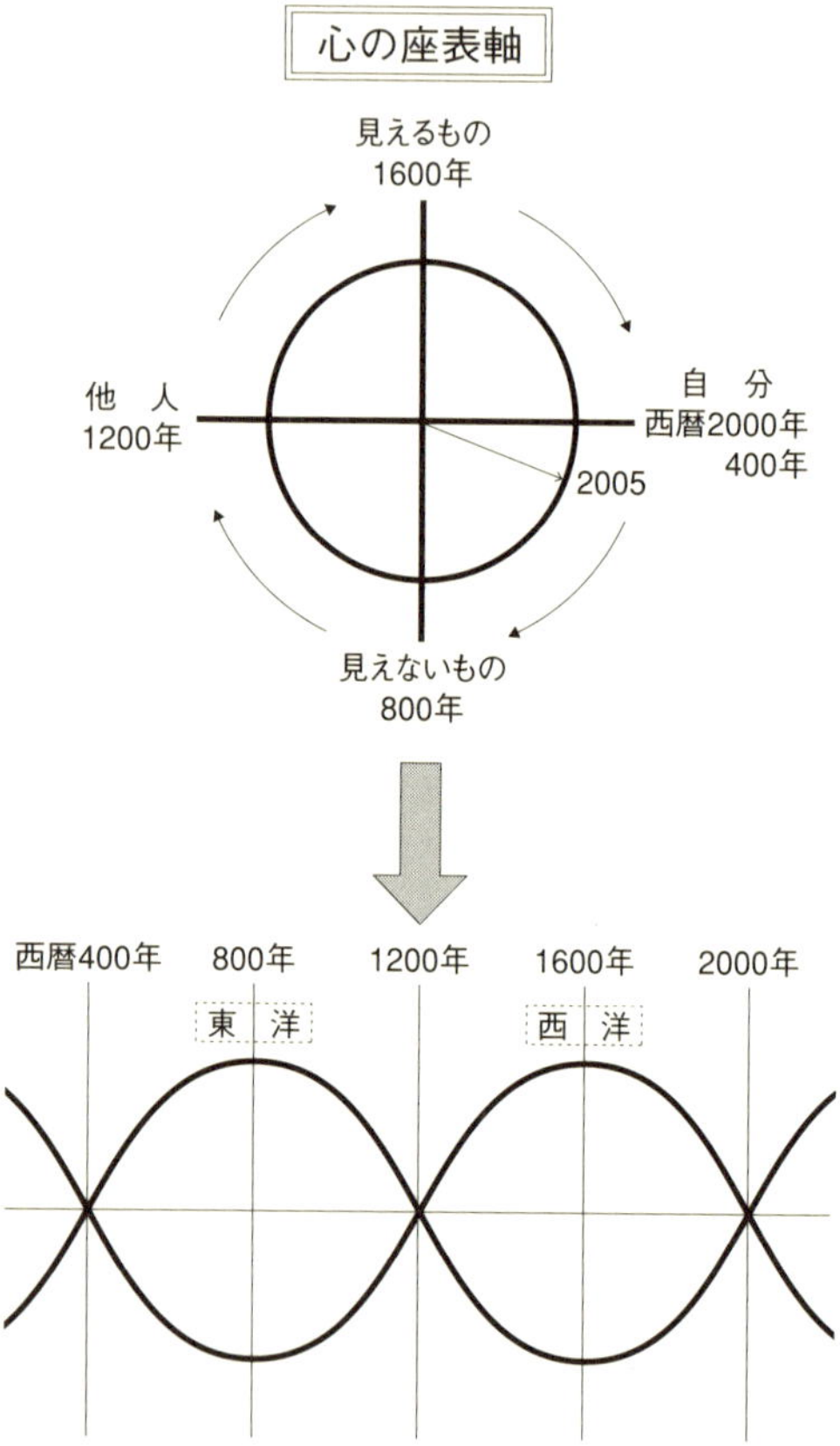

図2　心の座標軸と文明のサイクル

人々の「心」の方向性によって、それぞれの時代に特徴のある社会が生まれる。いまは「見えるもの」から「見えないもの」そして「他人」へと向かい始める時代。西暦2000年に「自己中心主義」がピークをつけた。

下図の波線グラフが交差するところで「民族の大移動」が起きている。AC.400年頃にはゲルマン民族が、そして1200年（宋の時代）にモンゴル民族が大移動している。また、その交差点ではエネルギーが木（ローマ時代）、石炭（宋の時代）、石油（現代）へと変わっている点も興味深い。

が「自分」に向かったピークであった。そこから人々の意識は少しずつ「他人」に向かって動き出しているのではないか。

いっぽう、人々はタテ軸の「目に見えないもの」に対して価値観を見いだし始めてもいる。「意識」が潜在エネルギーを蓄える段階に入ったわけだが、この時期は「信用」を少しずつ積み上げていく段階でもある。これから、どのような時代が始まるのか、じつに興味深い時期にさしかかっているのである。

$ 易経の謎と「変化」のメカニズム

易経に興味を持って長年、研究してきたのだが、実践に応用するまでには一苦労があった。易経は「変化の法則」を確実に表わしているはずなのに、現在、唯一のこっている「周易《しゅうえき》」では、その変化が実態に合っていなかったのである。

その「周易」の謎に惑わされて、ずいぶん回り道をすることになったが、よく検証してみると、周の時代に八卦が六十四卦に細かく分類された過程で、その並べかたに問題があったということに、あとになって気がついた。

孔子は、周易を丁寧に解説している。が、偉大な聖人によるものであったために、だれも六

十四卦の並べかたには疑問を持たなかったものと思われる。もちろん、私も孔子や周の文王を否定するわけではないのだが、

「どんな聖人といえども、人間であるかぎり間違いを犯すこともある」

ということが理解できたことは、凡人の私にとって大きな救いになった。

また、文明法則史学を創始された村山節先生によれば、

「研究してきたことは、すべて易経に書いてあった」

と率直に述べておられたが、はじめは、このことも理解しがたかった。

しかし、ほんらいの易経に戻って「八卦」と「地球の回転」とを照らし合わせてみると、すべて説明がつくのである。

太陽が地球を照らしている状態を考えるとき、照らされているほうが「陽」であり、隠れたほうが「陰」である。しかし、地球は右回りで回転しているために、おなじ状態が続くことはありえない。そこで、世の中には「かならず変化——生々流転——する状況」がつくり出されるのである。

また、地球が「右まわり」の回転をしているのと同時に、時間は「前へしか進まない」という現実がある。それで、ほんらいならば「十干十二支」においても「10×12=120」で、百二十通りの組み合わせがあるはずなのだが、掛け合わせてマイナスになるものは現実ではな

い「虚数の世界」であるから、除外されてしまうのである。

また、陰と陽とがそれぞれ2つに分かれることにより「陽の陽」と「陽の陰」、また「陰と陰」と「陰の陽」ができあがる。そして、ふたたび分かれることにより、はんらいの「八卦」が生まれたというわけである。

この八卦は、

「エネルギーの状態」

を表わしている。

つまり、太陽に照らされることにより「分化」の力がはたらいていくが、一日のなかで「朝」が分化のエネルギーが、いちばん強い。そして時間の経過とともに、エネルギーがすこしずつ少なくなっていき、反対に「目に見える形」は徐々にできあがっていく。

これとは逆に、陰の時にはエネルギーが蓄積されるのだが「目に見える形」は消滅していくことになる。

世の中のすべての出来事は、この「陰」と「陽」の繰り返しにより出来あがっている。

そして、人類の「文明」も、おなじ法則によって生成発展が繰り返され、これからも繰り返し創成されていくのである。

右のことは現代の「常識」にもあてはまる。

近代の科学的思考に慣れてしまった私たちにとって、「数学の座標軸」で考える回転は「左まわり」である。その結果、図を描くときには、ヨコ軸の右側が「＋」（プラス）になるという考えに凝り固まっている。しかし、右まわりと左まわりとではヨコ軸の「＋」と「－」の位置が逆になってしまうのである。

事実、私自身も、数学や物理の専門家に尋ねるまでは、このようなガチガチの考えかたで凝り固まっていた。それで「易経の謎」に苦しんできたのであるが、村山先生と同様の錯覚を克服できた現在では、いまの世の中の「右も左もわからなくなっている」状態を、冷静に分析できるようになった。

人類の「進歩」も、右のようなプロセスを経て、はじめて実現されるのであろう。「間違ったときには素直にそれを認めて、けっして高慢にならない」という「心の」状態が、いまの世の中には、ぜひとも必要なのである。

§ 「冬」の時代と創造的破壊

現在《いま》、という時期について、もう少し易経の世界をひもときながら考えてみよう。

ほんらいの易経では「陰と陽」ではなく「柔と剛」という言葉が使われていたといわれる。

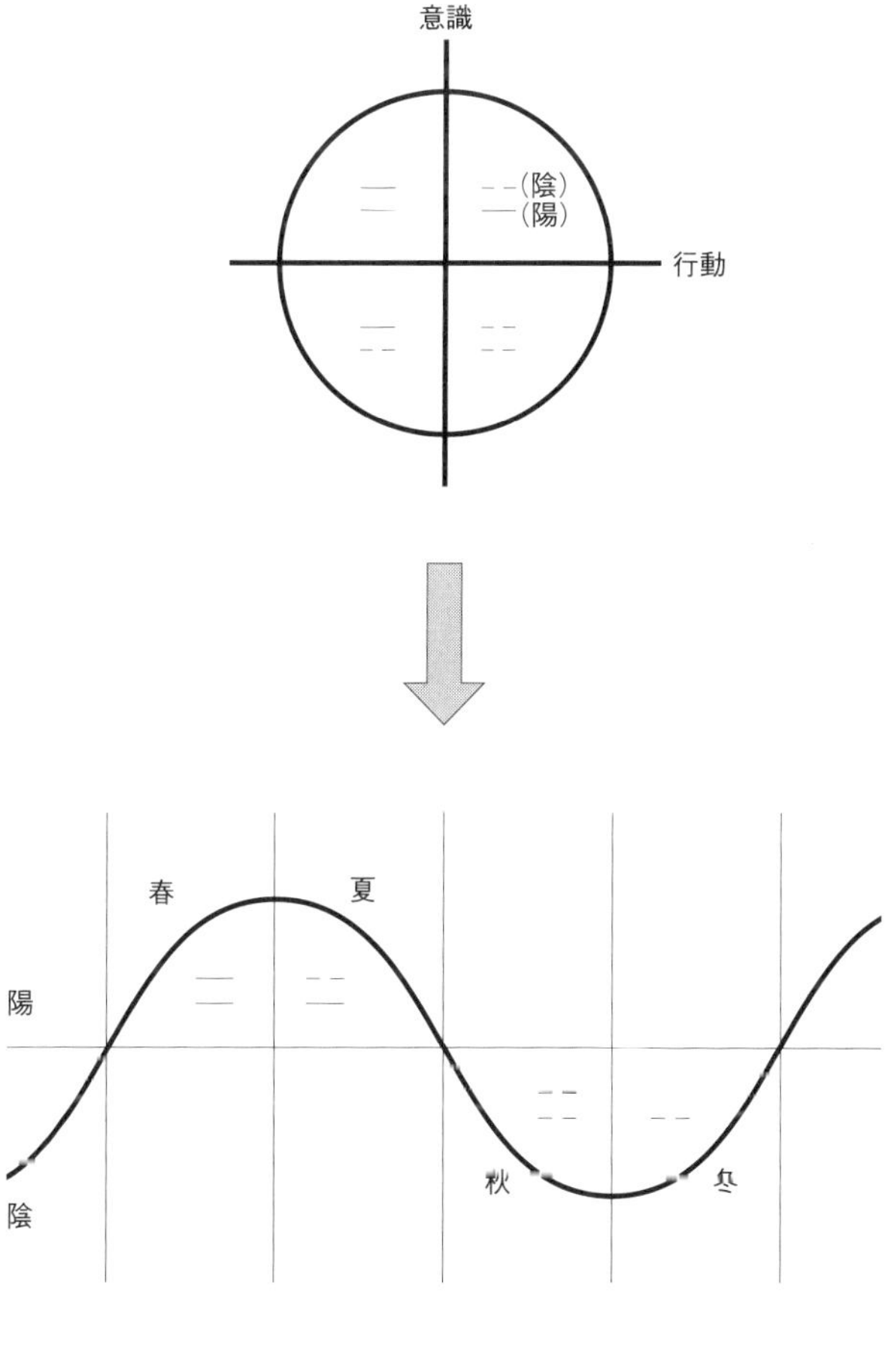

図 3　心の座標軸と春夏秋冬

すべての存在は「陰」から「陽」へ「右まわり」の円運動をおこなっている。どのような文明・社会も図のように「春」「夏」「秋」「冬」という時間の中で曲線を描く。太陽に当たっている状態（陽）が洋の東西で800年ごとに繰り返されてきた。

「柔と剛」のほうが、易経を学ぶ場合にはよりわかりやすいと思われるが、どんな学問においても世代とともに解釈の方法が変化し、本来の意味も変わっていくのは仕方がないことであろう。これは経済を学ぶ人間にとってもおなじことのように思われる。

易経の基本である「陰」と「陽」を、「柔」と「剛」の概念で説明すると、地球が太陽を照らしている部分が「陽」に当たる。このときには植物が成長していくことを表わしているのはすでに述べた。

つまり、成長とは、目に見える形ができあがっていくことを意味しているのだが、「形ができる」ということは、「剛」という言葉が表わすように、それは同時にものごとが凝り固まっていくことでもある。

いっぽう、夜の部分が「陰」に相当し、エネルギーを蓄える期間にあたるのだが、このときには、できあがった形が「壊れていく」ことを意味している。つまり「柔」という言葉のとおりに、凝り固まったものを柔らかくしていくことである。それは、たった一日のなかの動きではなく、春夏秋冬という一年の動きを見ればよくわかるように、育った植物が枯れていき、土に戻ることを意味しているのである。

また、陽の部分は、「陽の陽」と「陽の陰」という2つに分かれる。

陰の部分も「陰の陰」と「陰の陽」という2つに分かれていく。このことも、春夏秋冬を考えればわかりやすい。「陽の陽」が「春」にあたり、順次、「夏」から「秋」「冬」に相当する。

そして、このことを人々の意識と行動にあてはめると「60年サイクル」の4段階がよく理解できるのである。

創業の段階が「春」に相当し、意識も行動も「陽」に凝り固まった時代である。

夏は「保守化の時代」に相当し、意識は「陽」を継続しながらも、行動は「陰」へと変化しているので、行動が「攻め」から「守り」に入っていることを表わしている。

そして「秋」の段階が「因循姑息の時代」に相当し、「意識」が大きく転換したことを意味している。つまり「陰の陰」という、いままでの価値基準を完全に否定しながら、「行動」は保守化の時代を受け継ぐのである。

面白いのは、「冬」や「夜明け前」が「崩壊の時代」に相当する点であるが、このときには、意識は「陰」でありながら、行動は「陽」になっているのである。

このことが、本当の「創造的破壊」を意味するものと私は考えているが、いままでに出来あがったものが崩壊するということは、すでに人々の行動は、新たなものに向かって、

「動き始めている！」

ということをも意味している。まさに、雪の下に「芽」が隠れている状態なのである。

§ 心の座標軸を動かしてみる

暦の思想で、もうひとつ興味ぶかいのが「裏」と「表」である。

暦やサイクルを研究していると、過去の人たちが、どのように考え行動したのかが、ある程度推測できるという点がおもしろい。

たとえば、現在の状況は、六〇年前とひじょうによく似ているが、「独裁者の出現」や「全体主義」の発生などについて、現在の状況を見ることにより、具体的に検証できる。また、このことを、より大きな歴史のサイクルにまでひろげて考えてみることも可能だが、そのときに大切なのが「裏と表」を考えることである。

現在の資本主義世界は、人々が「目に見えるもの」と「自分」のことだけを考えた結果として生まれたものと理解することができるが、この正反対にあたる状態が、西暦1000～1200年の西洋の「封建主義」の時代であった。

封建主義は、言葉はだれもが知っているが、実際にどのようなものだったのかについては、文献を調べて想像してみることしかできず、いまでは実際に体験することは不可能に近い。

そこで、「心の座標軸」を正反対の方向にずらしてみると、当時の人々は現代とは逆に「目に見えないもの」と「他人」に心が向いていたのではないか、と思われるのである。（ここで、図2［P156］の矢印を一八〇度、正反対の方向に動かして考えてみていただきたい）

たとえば、西暦1600年ころに「時は金なり」という考えかたが確立したのとおなじように、その正反対に位置する西暦800年ころには「神が絶対である」という思想が支配的になったのであろうと思われる。そして、その「神」が形骸化していったのが、西暦1000〜1200年ころだったのではないか。

その当時の人々にとっては「神」が絶対であり、その宗教によって意識と行動が制約されていたのではないかと想像される。このことは、現代人が「お金」こそ一番大切なもので、「お金のためなら何をしてもよい」と考えている状況と正反対の状態だったのである。

神の存在が「あたりまえ」になれば、真剣に「神とは何か」を研究したり議論したりする必要はなくなる。あたりまえのこと・日常茶飯事は記録されないので、歴史的な記録として残ることが少ないともいえるだろう。

このことは、現在の状況にも、そのままあてはまる。お金がコンピューターマネーになり、それが「あたりまえ」になった時代には、だれも「お金」の本質について真剣に考えてみようとはしないのである。

ところが、人間の心理作用として、ほとんどすべての人が同じ考えになったときには「飽きる」ということが起こる。そこで異端者が出現する余地が出てくるのだが、いまから八〇〇年前に「目に見えるもの」を追い求める人たちが徐々に出現してきた。

この動きが「ルネッサンス」を生みだしたわけだが、現在では、まったく正反対の「目に見えないもの」を求める異端者たちが現われている。オウム真理教の地下鉄サリン事件は、わずか一〇年前の1995年の出来事であった。

$ とらわれた「心」と時代おくれの常識

「どんな人も、その時代の常識にとらわれている」

ということを、二十一世紀の時代にもつくづく感じざるをえない。

このことは、少しだけ歴史をさかのぼれば、きわめて明確に見えてくる。たとえば現在では自動車を持つことがあたりまえの時代になったが、籠《かご》をかついでいた江戸時代、いや明治、大正、昭和の人々ですら、現在のようすを見たら腰を抜かすほどビックリするだろう。

しかし、現在に生きている私たちにしても、この点は変わらないのである。たとえば、時間の経過とともに「自動車」が普及していくようすを見てきたために、高速道路や海底トンネル道路も「あたりまえ」と感じているにすぎない。

ここに、ひとつの大きな問題点がある。

それは、どんな人間も、自分の体験したことはよく理解できるが、数十年前、数百年前に起きた出来事は実際に体験することが不可能なので「正確に理解することはきわめて難しい」ということだ。そのために、どうしても頭だけ・言葉だけで考えてしまうことになり、結果として大きな間違いにつながる場合も多い。

二〇世紀の初めには「金貨」がお金として使われていた。そして、現在のようなコンピューターマネーは、もちろん存在していなかったのである。この点を、まず正確に理解しておかないと、あらゆることが間違ってくる。

経済学にしても、いまだに「金貨の時代」の理論を信奉している人も多いので驚いてしまう。その考えかたのまま理路整然と「今後の予想」をするのだが、根本的な考えかたに「大きな間違い」があるために、株式の予想にしてもほとんど当たらない場合が多い。

だが、このことは「間違い」というよりも、多くの人が「時代の常識」にとらわれすぎていて、世の中が「刻々と変化している」ということに気がつかないためなのである。ようするに、ほとんどの人が「常識」と考えることは、すでに「時代遅れ」になっているのだ。

このことは「バブル」の例からも明らかであろう。

ほとんどの人が同じ考えになり、同じ行動をとった時がバブルのピークであるが、実際には、すでにその前に、世の中は新たな時代に入っていたのである。

しかし「大衆はつねに間違える」という言葉があるように、人々は、どんな時代においても「前の時代の残像を追いかける」という性質（さが）を持っている。

くりかえすが、現在の最大の問題点は、コンピューターマネーが「お金」になったことにある。現在の常識は、「金貨」や「銀貨」ではなく、銀行にある「数字」を通貨と考え、それを盲信して疑わないことが「常識」になっているが、じつは、すでに世の中はまったく新たな時代へと突入しているのである。

このことは「自分の顔は自分では見ることができない」という真理にも通じるものがある。肉眼で自分の顔を直接、見ることは不可能なのはもちろんだが、この言葉が意味することは、「自分の性格をいちばん知らないのは自分である」ということであろう。

私自身、東洋学の「四柱推命」を研究してみてはっきりしたのだが、それまでは自分自身の性格について大きな誤解をしていた。

極端な話をいえば、私にかぎらず、

「現代人は、自分の意識と行動についてまったく理解していない」

といえるのではないだろうか。

このことが、例外なくどの人も「時代の常識にとらわれている」ということであり、ほとんどの人が、自分の知らないうちに「時の流れに身をまかせている」のである。だからこそ、安心して日々暮らしていけるという点は否定できないが、本当の危機を感じ始めたら、そうは呑気に構えてはいられなくなるだろう。

$ イスタンブールのビザンティン文明

「目に見えないもの」について、もう少し考えてみよう。

先日、トルコの文明展を見学した。現在のイスタンブールを中心として、ヒッタイト文明、ビザンティン文明、そして、オスマントルコ文明が発展し・消滅した足跡を展示したものだが、そこには面白い特徴があった。それは、ヒッタイト文明とオスマントルコ文明を展示したコーナーには豊富にその当時の遺物（遺産）があったのに、その中間のビザンティン文明には、ほとんど展示物が、な、か、っ、た、という点である。

ビザンティン文明は、西暦400年ころに誕生し、1453年に完全に消滅したとされている。だが、実際には1204年に十字軍によって一度滅ぼされているために、実質的には、このときに滅亡したのではないかと考えられる。

それにしても、このように数百年にわたる永い歴史を持ちながらも、展示物がほとんどなかったというのは、いったい何を意味しているのだろうか。

このことが、「当時の人々は物質文明を否定し、神とともに生きた」ことの一つの証明ではないかと考える所以なのだが、もともとビザンティン文明は、古代ローマ帝国が東西に分裂してできたものであった。

東ローマ帝国の時代にはいると、「すべての道はローマへ続く」といわれるほどの物質文明を誇示した西ローマ帝国が、これほどの「大変貌をとげた」という事実に、私は驚かざるをえなかった。

まるで振子のように人々のこころが「心」と「物質」の両極端にまでそれぞれ振り切れると、文明はこれほどまでに大変貌をとげる。ローマ帝国の興亡は、それを象徴しているのであるが、その原因が人々が求めるもの（心の方向性）の変化にあり、「物質」から「神」へと変化したために、このような結果がもたらされたのであろう。

古代ローマ帝国の「素晴らしい面」が完全に消滅したのであるから、人類の歴史の発展と可能性を考えると「実にもったいないことをしたものだ」と私には思われてならないのだが、すべては人々の心の座標軸が「目に見えないもの」へと向いたために起きた事件であり、仕方がなかったのである。

文明法則史学が教えるのは、現代の人々がこれから向かうのは「目に見えないもの」を求める方向であり、人々は「神」を求め（どういうかたちの神かはまだわからないが）、「物質文明」を否定する方向にむかうということである。

かんたんに言い切ってしまえば、人類の今後は、

「暗黒の中世と呼ばれたビザンティン文明が再来するのではないか」

ということになるのだが、現代に生きる私たちからは、まったく実感できない、想像もできない未来像である。

$ 帝国主義を生みだした価値観

「心の座標軸」を使うと、近代の一九世紀から二〇世紀にかけて起きた「帝国主義」は、その八〇〇年ほど前の「十字軍」とはまったく逆の性格を持っていることがわかる。

帝国主義とは「お金」を儲けるために他国を侵略した歴史であり、十字軍は「宗教」のために他国を侵略した時代の産物であった。

こう単純化してしまうと、あまりにも短絡的な結論ではないかと反対意見が続出するかもしれないが、この点は少しずつ議論を重ねていくことにより、逆に「現在」の世の中の姿がうきぼりになり、はっきりと見えてくるのではないかと思う。

帝国主義の時代には、人々の心は「目に見えるもの」と「自分のこと」に向いていた。そして反対に位置する「他人のこと」や「目に見えないもの」は、少しずつ忘れ去られていった時代であった。このような歴史の流れのなかで、人々が他国を植民地にして、多くの人を奴隷にし、自分（自国）のためだけに「お金儲け」というかたちで利益追求したのは、当然の成り行きであった。

いっぽう十字軍の時代には、人々の心は「目に見えないもの」と「他人のこと」に向いていた。反対に「目に見えるもの」と「自分のこと」は忘れ去られたかのようであり、その結果として「他人のために、自分の信じる宗教を広める」ことは、まさに「善」そのものだったのであろう。むしろ時代の常識として「十字軍に参加しないことは悪だ」というような雰囲気さえできあがっていたのではないか。

これほどの大事件ではないが、似たような出来事は現在でも数多く見られる。自分が信じている宗教が絶対だと思い込み「他人もこの宗教を信じなければ不幸になる」とさえ考える人が散見される。

オウム真理教がそうであったように、結局は「お金儲けのために宗教が利用される不幸」のひとつであろう。地下鉄サリン事件などは「聖戦」というには、ほど遠い事件であった。

それはともかく、面白いことは、帝国主義と十字軍のどちらにしても、人々が「組織化」された結果であったという点である。

人々の価値観が画一化されないと、組織化は起きない。

そして「目に見えるもの」と「目に見えないもの」という価値観の違いにかかわらず、およそどのような時代においても、組織化には、かならず画一化された価値観が必要なのである。

そしてまた、組織化が起きるということは、その人自身が知らないうちに組織の「奴隷」になってしまう場合が多くなることを意味しており、同時に、権力者の独裁も起きやすい状態が生じるのである。

性善説とはちがうが、人間の可能性を信じれば、「物質文明」と「精神文明」が共存する弁証法的な発展も可能なはずである。まったく新しい「発展」のかたちをとる新たな世の中ができる可能性のほうに私は期待しているのだが、いずれにしても西暦2000年代の初めの時期が大きなターニング・ポイントであることは間違いない。

$　まず意識が変わり行動が変化していく

人々の「意識」と「行動」にはタイムラグ（時間的なズレ）が存在するのだが、文明法則史学の場合には、西暦1600年が「行動の転換点」であり、西暦2000年が「意識の転換点」

にあたる。

西暦1600年は、行動の座標軸が「陽」から「陰」へと転換し、西暦2000年は、意識の座標軸が「陽」から「陰」へと転換したことが見てとれる。

また、西暦1200年は、現在とはまったく正反対の状況になっているのだが、意識が「陰」から「陽」へと転換した。そこで人々が求めたものは、古代文明の復活であり、物質文明の再興である「ルネッサンス」が始まったのであった。

このように、意識の「転換点」において起きることは、物質文明から精神文明に向かう「求心力」という人間の「心が求めるもの」の変化である。そして、行動においては「他人」と「自分」とのあいだの「求心力」が変化していく。つまり「他人に対する思いやり」から「自己中心の行動」へと変化していくのである。

そして、西暦1600年ころに何が起きたかといえば、「時は金なり」という思想が生まれ、当時のオランダの「チューリップ・バブル」に代表されるように、いまの時代とおなじく金融面でのバブルが始まったのであった。

これらのことから推測できることは、西暦1600年ごろには「時代の常識」すなわち人々が「あたりまえ」と感じることが、

「目に見える物質文明を追い求めるのは当然のことだ」

と考えられるようになったということである。しかも「自分の利益」のために行動しても何も問題はないという、新たな意識の変化が加わった。その結果、大航海時代が本格的にスタートし、人々は、危険を物ともせずに利益追求へと乗り出していったのであった。

それから四〇〇年経った現在においても、

「お金儲けは良いことだ」

という考えが「時代の常識」になっている。残念ながら、いまでは収入の多寡により人間の価値が決まるような時代になってしまっているが、重要なのは、人々の「意識」が新しい商品（精神文化・文明）を求めている点である。

多くの人が、これまでのような「目に見える商品」に飽きてしまい、まったく新たな商品を求め始めている。その代表的なものがハリー・ポッターや宮崎駿のアニメドラマであろう。

私は、この点をさらに精密に、より細かいサイクルにあてはめていけば、これからのヒット商品が正確に予想できるのではないかと思うのである。

$ すでに蓄えられている発展の「芽」

文明法則史学の１６００年サイクルと東洋学の６０年サイクルは、ちょうど時計の短針と長針の関係にある。

それは、長針の性格は短針によって決められるということであり、たとえば短針が午前十一時から正午にさしかかるまでに、長針は大きく一まわりするのだが、しょせんは短針が意味する「まもなく正午」という意味を超え出ることはできない。

ようするに、現在の60年サイクルも、大きな文明法則史学の「枠のなか」で動いており、それを超え出ることはできないということである。

まもなく、新たな60年サイクルが始まり、人々の意識と行動は「前向き」という「陽」の状態になると思われる。このときに成功する人たちは「時代の流れ」を正確につかまえた人たちであろう。過去の成功者は、どのような創業者においても自分の「心がむかう方向」と「時代の方向性」とが合致していなければ、けっして成功者にはなれなかったはずである。

もうひとつ面白いことは「時代の流れ」には「連続性」があるという点である。

それまでの流れを無視して、突然「新しい事業」を起こしても成功するはずがない。たとえば、現在の日本で新たに自動車産業を興そうとしても、絶対に無理であって、まさにドンキホーテが風車に向かっていくようなものであろう。

成功するヒントは、じつは1995年から始まった「崩壊の時代」のなかに隠されている。

なぜなら、崩壊の時代とは人々の意識は「陰」であるが、行動は「陽」になっていて、創業の時代は、その「陽の行動」を引き継ぐからだ。

「崩壊の時代に流行したもののなかに『芽』があり、それが新たな発展を遂げていく」と、私は考えている。

いまパソコン業界では、ウィンドウズが巨大なシェアを占めているが、ビル・ゲイツ氏にしても「時代の要求」と「自分の楽しみ」とがマッチして成功者となりえたのである。

インターネット・ビジネスは相手の顔が見えないという欠点もあるが、パソコンもソフトも人間生活のための「道具」である。それは、使いかたさえ間違えなければ、人類の未来には不可欠の「必需品」であり、使うひとの「心」が大きく関与する「精神世界」を拓くためにあるのではないか。

より具体的には、コンピューターとインターネットという「ハード」を利用した、まったく新たなソフトビジネス（人々を本当の幸福へと導いてくれる新商品の開発と販売）が生まれるのではないかと私は考えている。

残念ながら、その仕事は私にはできないが、どこかで才能のある頭のやわらかい若者たちが、それに「心」をむけて、すでに取り組んでいるものと私は信じているのである。

六〇年前、太平洋戦争で徹底的に敗れた日本が、皮肉にもその敗因となったレーダーや航空機づくりをはじめとする優秀な発案・技術力を発揮して、戦後は「ソニー」「松下」あるいは「ホンダ」といった世界の冠たる企業を興し発展させた歴史を思い起こしてほしい。

ほとんどの国民が困窮していたなかで、限られた条件にもめげず、若い技術者の芽を育て、自分たちの可能性を追求していった人たちに、幸運の女神は舞い降りたのである。

$ 暦(こよみ)は知恵の道具

これまで述べてきたサイクル理論は、一種の「ツール」として、株の予想にかぎらず、どんなものにでも応用が可能である。そして、暦というものは江戸時代までの日本人が使っていた、あたりまえの「知恵」だったことを忘れてはいけない。

私にとって「暦」は、江戸の大工の七つ道具のようなものである。

その「知恵の道具」の使いかたを発見・習得するまでの道程はそれほど甘くはなかったのだが、過去に起こったことを素直にふり返ってこれに当てはめてみると、じつに簡単に、面白いほど明瞭に世の中の「動き」が見えてきたのである。

毎日の仕事のなかで、割安株を選ぶことじたいは、それほど難しいことではない。いちばんむずかしいのは、それを買う「タイミング」である。

より大きな利益を上げるためには、買った株式が何倍にも上昇してくれることが必要になるが、それがマックスに達するまでの数年間という時間のなかでは、いろいろな「迷い」が出てくる。

「株式、債券、商品の『値上がり・値下がり』の繰り返しには１０年サイクルが存在する」という、いまから思えば簡単な事実を発見するのに、私には二〇年にわたる実践と試行錯誤の期間が必要であった。

現在では、この法則をきちんと踏まえたうえで投資行動をしているが、人間の心理というのは困ったもので、それがわかっていても一時的に「逆行現象」が起きる場合がある。それが「迷い」となって出るのである。

この三〇年間で一番むずかしかったのが「バブル」という現象であった。

不思議なことに、末尾に「９」のつく年には、それぞれの商品が、信じられないほどの値上がりを見せている。１９７９年の「金」、１９８９年の「日本株」、また、１９９９年には「ＩＴバブル」があった。その最後のＩＴバブルのときには同時に「国債バブル」も伴っていた。１９９０年代という時代は「国債」や「預金」の価値が上昇した時代であったが、最終段階では理屈を超えた値段にまで暴騰したのである。

だが、問題は、その高値をつけた株を、いつ手放すか（売るか）である。「価値のない銘柄」を持ち続けるのには大きな勇気がいる。つまり、バブルの最終段階では、株式のもつ本当の価値を無視して人々の買いが集まり、値段だけが上がり続けるので「もうそろそろ……」という時《とき》（タイミング）を見定めるのが、一〇年前の私にはじつに難しい決断なのであった。

ここで、ひとつの失敗談を披露してみよう。

私は、９０年代に「ローム」という株式を、１９９２年の二〇〇〇円以下の段階から推奨していた。そして９４年には、四〇〇〇円を超える値段にまで上昇したのだが、この時点で、私はこの株を奨めるのをやめてしまったのである。

ところが、この株式が一番上昇したのが、９５年から９９年にかけてであった。最高値は、１９９９年１２月３０日の四万四〇〇〇円であったが、正直いって、私はこの間の上昇にともなう利益をまったく手にすることができなかったのである。大失敗であった。

このときの教訓もあって、いまでは大きな上昇波動というものは、末尾に「２」のつく年に始まり、末尾に「９」のつく年に終了するものと考えているが、このようなサイクルに気づくためにも、前述の大きな「失敗」が、私には必要だったのだといえる。換言すれば「失敗こそが宝物である」といえるのかもしれないが、それにしても手痛い経験であった。

机上の学問とは違って、日々相場にかかわる人間に必要なのは、

「自分の相場観を信じて、待つ」

ということである。

それが利益を得るための基本なのだが、実際の相場が予想とちがった場合には「自分の考えは根本的に間違っているのではないか」と、つい弱気になり、自分の能力を疑ってしまう。

そのときに迷い、ずいぶん苦しんだものだが、おかげさまで相場にかかわって三〇年がたった現在では、さまざまな実践と経験から、ほぼ、どのような相場にも対応できるようになった。決してうぬぼれるわけではなく、これも人類の生きた遺産である「暦」という道具を、私なりによく磨いてきた結果だと考えているのである。

$「私は孫悟空である」という悟り

このように、現在では「相場には、きわめて単純なサイクルが存在している」と確信しているのだが、結局は、

「時間とともに人々の意識が変化していく」

ということが、その理由だと思われる。これを裏返していえば、

「人間の心理というものは、時間によって左右される」

ということになる。それは、まるで、お釈迦さまの手のひらの上で孫悟空が暴れ回っている状態ともいえるのかもしれない。

そこで「自分は孫悟空である」と気づいたときに、はじめて「迷い」がとり去られ、暦という「時間の概念」を克服することができる。

それにしても「待つ時間」は苦しい。なぜなら、時間というのは「過去のことは見えるが、将来はまったく見えない」という必然的な性格がある。そのために、相場が下がり続けたり、上がり続けたりすると、

「そのことが永遠に継続するのではないか」

と、つい錯覚してしまうことがある。

これが人間の自然な「心理」なのかもしれないが、それを放っておいたのでは、刻一刻と変化し続ける現代社会を生き抜いていくことはできないし、相場の世界では、なおさらのことである。

「バブル」

という経済現象にも、「暦」という知恵の道具をつかえば一定の法則とサイクルを見いだすことができる。

それを私なりに表現すれば、末尾に「9」のつく年には人々の意識が凝り固まり、バブルはピークを迎えるが、「0」と「1」の年で、意識が「更新」されるということである。

つまり、そこでバブルが弾けることになるのだが、「0」のつく年は「庚《かのえ》」になり、「1」の

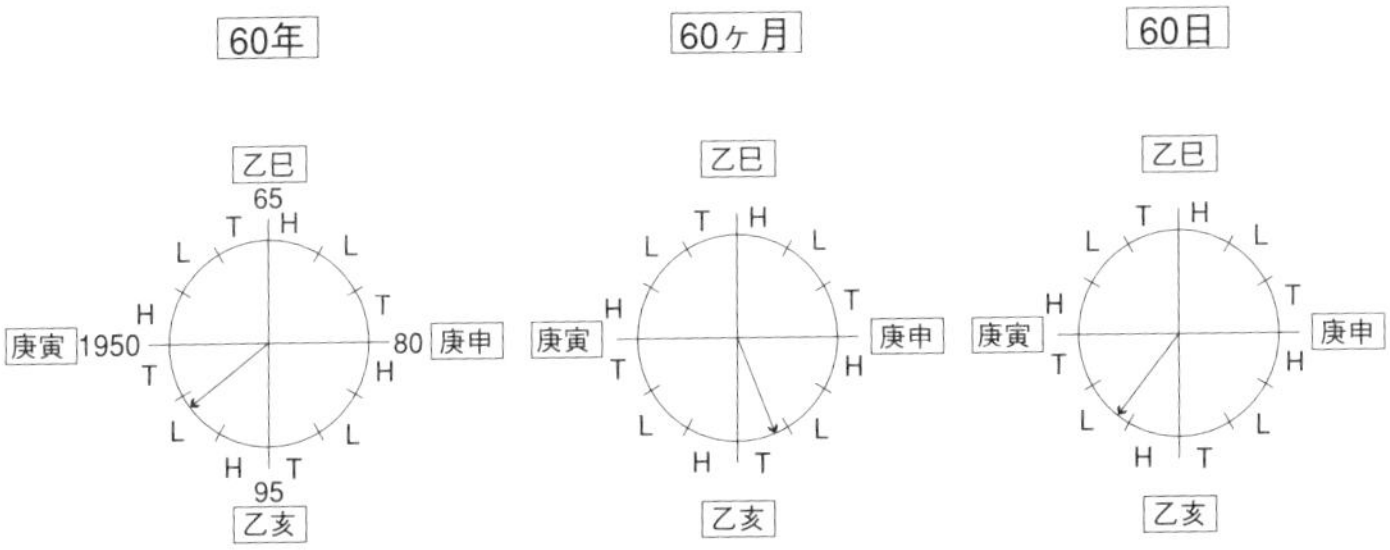

図4　暦を使った株式予想

十干十二支の「甲乙丙丁…」「子丑寅卯…」を算命学の「年・月・日」にあてはめた応用例。H＝値高株、L＝低位株、T＝移行期。これを用いれば「日」単位の未来予測も可能である。

つく年が「辛《かのと》」に当たる。そして、このことを、東洋学では「庚《こう》」は「更《こう》」につながり、「辛《しん》」は「新《しん》」につながると説明されているのである。

前述のように、東洋学には「暦を治めて以て時を知る」という言葉がある。

この言葉の意味はふかい。私の実践をぴたりと言い当てているように思える。結局は、先が見えない人間の心理こそが「恐怖心」をもたらし、ほんらいの「天地自然の理」から離れてしまうことを私に教えてくれるのである。

すなわち、「暦を正確に理解し、そのとおりに行動すれば、なにも怖いものはない」と、まあ、頭では考えられるのだが、時折、目先の株価変動に心理が左右されてしまうこともないとはいえない。

そのために私は、四柱推命のベースである「算命学」をグラフにして日々検証している（図4）。

20世紀の日本とその後の10年

辛	壬	癸	甲	乙	丙	丁	戊	己	庚
1901年	1902年	1903年	1904年	1905年	1906年	1907年	1908年	1909年	1910年
	・日英同盟（1/30）		・日露戦争（2/10） ・第一回国債発行				・「戊申詔書」発布（10/13）		
丑	寅	卯	辰	巳	午	未	申	酉	戌
1911年	1912年	1913年	1914年	1915年	1916年	1917年	1918年	1919年	1920年
・辛亥革命（10/11）			・第一次世界大戦				・米騒動		・国際連盟発足
亥	子	丑	寅	卯	辰	巳	午	未	申
1921年	1922年	1923年	1924年	1925年	1926年	1927年	1928年	1929年	1930年
		・関東大震災（9/1）						・大恐慌（10/24）	
酉	戌	亥	子	丑	寅	卯	辰	巳	午
1931年	1932年	1933年	1934年	1935年	1936年	1937年	1938年	1939年	1940年
・満州事変	・赤字国債の日銀引受開始				・2・26事件	・支那事変（7/7）	・国家総動員法	・第二次世界大戦（9/3）	
未	申	酉	戌	亥	子	丑	寅	卯	辰
1941年	1942年	1943年	1944年	1945年	1946年	1947年	1948年	1949年	1950年
・米、対日石油輸出を全面停止（8/1） ・大東亜戦争勃発（12/8）				・終戦（8/15）	・新円発行（2/17）			・1＄＝360円に設定（4/23）	・朝鮮戦争（6/25）

1951年	1952年	1953年	1954年	1955年	1956年	1957年	1958年	1959年	1960年
・軍人・政財界人追放解除 卯	・GHQ廃止（4/28） 辰	・スターリン没（3/5） 巳	午	未	申	・ソ連人工衛星打ち上げ（10/7） 酉	戌	亥	子
1961年	1962年	1963年	1964年	1965年	1966年	1967年	1968年	1969年	1970年
丑	寅	・ケネディ大統領暗殺（11/22） 卯	・日本共同証券設立 辰	・日本証券保有組合設立 巳	午	・公害対策基本法 ・第三次中東戦争（6/5） 未	・OAPEC結成（1/8） 申	初の公害白書 酉	・光化学スモッグへドロ（7/18） 戌
1971年	1972年	1973年	1974年	1975年	1976年	1977年	1978年	1979年	1980年
・ニクソンショック（8/15） 亥	子	・オイルショック（10/17） 丑	寅	・ベトナム戦争終結（4/30） 卯	・ロッキード事件（2/4） 辰	巳	午	・石油消費削減案 未	・イラン・イラク戦争（9/9） 申
1981年	1982年	1983年	1984年	1985年	1986年	1987年	1988年	1989年	1990年
酉	戌	亥	子	・プラザ合意 丑	寅	卯	辰	巳	・バブル崩壊 午
1991年	1992年	1993年	1994年	1995年	1996年	1997年	1998年	1999年	2000年
・ソ連崩壊 未	申	酉	戌	・リフレ政策へ転換 亥	・住専問題 子	・タイから信用収縮始まる 丑	・「何でもあり」の放漫政策 寅	卯	・ITバブル崩壊 辰
2001年	2002年	2003年	2004年	2005年	2006年	2007年	2008年	2009年	2010年
・ワールド・トレードセンター事件（9/11） 巳	午	未	申	酉	戌	亥	子	丑	寅

それを見ると、「おおむね現実の株価は、そのグラフのとおりに推移している」と、落ち着きを心に得ることができる。そして、いくつかの「パターン」も経験的に見えてきた。

それは、私が間違えたときは「暦が正しく読めていなかった」か、あるいは「一時的な歪み」が発生したときである、ということだったのである。

しかし、これらの問題も、私の理解が深まるとともに、徐々に解決されていき、同時に「一時的な歪み」も、かならず時間の経過とともに修正されていった。

また、一時的な歪みが起きる理由もわかってきた。それは、人々の認識と実際に起きていることの「落差」ともいえるのだが、相場においては、往々にしてこのような現象が起きるのである。

それを一言でいえば、

「人々の意識は、過去の残像にとらわれやすい」

ということであり、ほとんどの人は「明日は今日とおなじである」という錯覚にとらわれやすいのである。

これが人間のもつ性（さが）であるともいえるが、もうひとつ裏返せば、

「どのような人も、それなりに将来を予測しながら生きている」

ともいえるだろう。

ただし、日々刻々と世の中が変化し続けているという点を、どうしても忘れがちになる人のほうが圧倒的に多いのである。しかし、五年、一〇年という期間をふり返ってみれば明らかだが、世の中は、間違いなく大きく変化しているのである。

§ 言葉と数に宿っている魂

日本には昔から「言霊《ことだま》と数魂《かずたま》」という思想・文化がある。

暦を研究し、それを応用して、毎日、株式市場ではたらいていると、この考えかたにも「なるほど」とうなづいてしまうことがある。

言葉は、人間にあたえられた「手段」であり、それはコミュニケーションの道具でもあるが、そこには何か霊的（スピリチュアル）なものが宿っているという言霊（ことだま）の「感じかた」に私は賛成である。

もういっぽうに、数魂（かずたま）がある。それは「1、2、3、……」という数字にもそれぞれの意味があり、とくに末尾にそれぞれの数字がつく年には、はっきりとした特徴のある事件が起こる、ということが最近わかってきた。

末尾に「3」のつく年には「異常気象」が起きることが多く、その次の「4」のつく年には

「暑い夏になる」ということなどである。

だが、残念ながら、現代ではこのような思考法は「迷信」と考えられ、退けられてしまっている。

「言霊」や「数魂」などは「科学的な考えではない」と思われているわけだが、将来、現在の科学（とくに脳科学や分子生物学、物理学、天文学など「測定機器」の飛躍的な開発の進んでいる分野）がさらに発展すれば、再度、この考えが見直されるのではないかと私は考えている。世の中に起きるさまざまな「現象」にたいして、それを人間が「感じる」ありさまを、まだまだ完璧に説明できるほど現代の科学は「進歩」しているとはいえないからである。

今年は2005年である。末尾に「5」のつく年であり、それはまた新たな「5年サイクル」の始まりの年になることを意味している。

一〇年前（1995年）は、阪神・淡路大震災、地下鉄サリン事件という天・人災が起きた。今年はすでに玄界沖地震とJR西日本の脱線事故が起きている。

経済に目を転じれば、このことに象徴されるように2月9日の旧正月から本格的なインフレが始まった、ということに気がついている人がどれくらいいるだろうか。

「数魂」の考えがない人たちにとっては、今年という時間の存在は、たんに昨年の続きであり「数ヶ月間の違い」としか認識されないであろう。ところが、実際に起きていることは「人々の行動が大きく変化した」ということであり、このことが、商品指数である「CRB指数」に、はっきりと表われているのである。

また、商品価格上昇の根本的な原因は「通貨に対する信頼感が損なわれている」ということに尽きるのだが、結局は「日銀の政策が限界点に達している」ことを意味している。もうすこし正確にいえば、

「日銀のバランスシートが異常に大膨張し、これ以上の膨張は大インフレにつながる」という事態が発生しているのだが、今回の「玄海沖地震」は、このことを表わす「言霊」ではないかと私は考えているのである。

つまり、政府のいろいろな政策が「限界《ゲンカイ》」にきたということを、「言葉」をとおして直観的に感じているのは私だけであろうか。

$ 株式市場とフラクタル理論

言霊は、人間の観念の産物であり、おもに民俗学で対象にされているが、自然界には「フラクタル理論」が存在する。このことは「全体」と「個別」とが相似形になっているというものであり、現在では、自然界に限らず、さまざまな分野で応用され始めたようである。そして、

株式市場においても、この理論はきわめて有効なのである。

たとえば、60年サイクルと60ヶ月サイクル、そして60日サイクルに、このフラクタル理論を応用できるのだが、「寸分たがわず」といえるくらい、この理論どおりに実際の株価が変動しているのである。

私には、このことが「天地自然の理」と思われるのだが、人間の行動とは、結局は「お釈迦さまの掌のうえの孫悟空」と最近感じてきたのも、言霊やフラクタル理論のおかげかもしれない。

近代の科学的思考が「あたりまえ」になっている現代では、こうした「すでにあるもの」の存在がわからなくなっていて、実証されなければ信じないというのが大方の態度であるが、謙虚さを欠けば高慢につながり、やがて人災を招く。これもきわめて自然な人間の「心」のありようであろう。

現代人は、自分の自由意志で行動していると考えている人が多いようだが、自分の知らないところで、大きな天地自然の理によって、じつは動かされているのである。そして、この「大きな流れ」からはずれた場合に失敗をし、流れに逆らわなければ成功する率が高い。素直に考えれば、これは当然のことであろう。

結局は、人間の「欲望」がそれを邪魔するのかもしれないが、浅はかな知恵で考えて行動した場合には失敗する場合が多い。

これを株の世界でいえば、

「いままで上がっていたのだから、これからも上がるのではないか」

と、多くの人が考えた場合には必ず転換点になり、株価は下がることになる。この「人々の意識」そのものが大きなサイクルによって動かされているのである。

このことからわかることは、フラクタル理論は自然界だけでなく、人間の「意識と行動」そして「時間」にも応用が利くということなのである。

$ 相場の「歪み」と「一年の違い」

相場の世界での経験が深まれば深まるほど、

「基本的には、どのような相場も単純なサイクルによって動いている」

という確信が強まっていく。

とくに東洋の「暦」を勉強すればするほど、いろいろな相場が、このサイクル理論のとおりに動いているということを実感するのだが、このときに気をつけなければいけない点が、さきに述べた「相場の歪み」である。

つまり、短期的な動きが時折、大きな流れから外れることがある。しかし結局は、一時的な動きにすぎず、最後には、かならず「もとの鞘」に納まってしまうのである。

もうひとつ、30年サイクルと60年サイクルとのあいだに「一年の違い」が存在するのだが、この点には、だいぶ悩まされた。

だが、いまになってわかったのは、この「一年の歪み」は、人々の「国家」や「通貨」に対する「信頼度の違い」だったのである。インフレには明確な30年サイクルが存在するのだが、「国家」や「通貨」の場合には60年ごとにサイクルが繰り返されるために、三〇年前とは違って、インフレの発生が「一年」遅れてしまうのである。

結局、インフレやデフレとは、人々が「お金」をどのていど信頼しているかによって決まる。つまり、お金を信用すれば、「商品」よりも多くの人が「お金」を持つことになり、反対に、お金そのものが信用できなくなれば、「お金」を「実物資産」へと換えていくのである。

そして、現在起きていることは間違いなく「初期のインフレ」であり、これから大きく加速していくことが予想できる。しかも、多くの人が「国家財政」や「年金」に対して不信感を抱いている現状では、六〇年に一度の「大インフレ」になることも考えられるのだが、それは国民の多くが信頼していた「国家」や「通貨」があてにならないと考え始め、それが極まった末の事態であるといえよう。

このような「一年の違い」をはじめとした「相場の歪み」については、どのような本にも書かれていないので、自分自身で実際に経験してみなければ、理解することは不可能である。

現在の学問の世界においては、国家への人々の信頼とおなじように、既存の理論・著名な学者の論評だけを信用する傾向が強く、現実の社会の変化に対する経験智（予測）は二の次とされ軽視されてしまう。そのために「現場の知恵」は、なかなか理解されない場合が多い。そしてバブル期のように、何度もおなじ過ちを繰り返してしまうのである。

だが、反対の観点からこの事態をポジティブに考えれば、これほど大きなチャンスは六〇年に一度のことなのかもしれない。

なぜなら、ほとんどの人が、教科書どおりにデフレを予想しながら、実際には、インフレになっているからである。

$ 古ぼけた理論は大損を招く

西洋の投資理論では「分散投資」が基本であり、リスクとリターンには「相関関係」があるといわれている。

また、どのような相場にも「サイクル」や「トレンド」は存在せず、いわゆるランダム・ウォークという考えかた（ある時点から次の時点までの価格は正規分布の関係を描くという理論）が有効であるともいわれている。

つまり、今日の株価と明日の株価を「統計」にとってみれば、その関係が、きれいな「正規分布」を形成するというのだが、私にいわせれば、この理論そのものが間違っているのではないかと思うのである。

たしかに、日本株やアメリカ株の「全体」を統計で処理すれば、このような関係になる。

しかし「個別」銘柄の動きには、きわめて明確なサイクルやトレンドが存在し、投資の実践においては、アメリカでも「チャート分析」や「星占い」が有効な手段となっていた。また、分散投資の悪い面としては、過去数年間の「ソニー」や「武田」を見れば明らかなように、ポートフォリオ全体のパフォーマンスを大きく悪化させる要因となっていたのである。

つまり、天井を付け、大きく「値下がり」する株を持っていると、その他の銘柄でいくら利益を上げようとも、その利益が相殺されてしまうのである。

経済学においても、いろいろな「サイクル」が議論されている。在庫や投資などにもサイクルがあり、個別の株価も当然のことながら、このサイクルの影響を受ける。そして株価も同様の動きをするのだが、それを株式市場の「全体」として見てしまうと、大切な個々の銘柄の変動は打ち消されてしまうのである。

ランダム・ウォーク理論が有効な局面もたしかにあるだろうが、実践で成功している人たちにとっては、この理論は「無用の長物」であろう。つまり、それは人間の「平均」身長だけを考えてバスケットボールの理論を組み立てるようなもので、実際には身長の高いプレイヤーのほうが、バスケットのゲーム（実践）には、はるかに有利だからである。

そして、このことは、株式投資の実践においても、そのままあてはまる。

投資で成功するかどうかは、

「これから値上がりする銘柄を、どれだけ保有するか」

によって決まる。

だから、価値のある銘柄だけを保有して、その値上がりを待てばいいのである。

値下がりするような株式には、けっして分散投資する必要はないのだが、日本の機関投資家の場合には、西洋の理論を崇拝するかのような態度もみられ、多くの人が優良株だと考えるものに自分も投資するという傾向がある。

だが、このような銘柄は、すでに天井を付けており、これから「値下がり」する場合がほとんどであることを忘れてはいけない。

$ バブルを正当化するときが最後の時

やはり「論より証拠」である。

結局、理論よりも現実のほうが勝っており、説得力がある。

現実の世界をみれば、人々の行動が変化するのは、現実の変化を見てからのことであり、「けっして理屈だけでは世の中は動かない」

というのは当然であろう。

ところが、バブルの最終段階では、

「現実よりも理論のほうが重んじられる」

という傾向がみられる。まさに「本末転倒」の好例であるが、こんどは、理屈のつかない値段にまで買い上がったものにたいして、無理矢理に正当化する動き（理論化）が起きてくるのである。

このことは、1980年代後半の「Qレシオ」や、1990年代後半の「PSR」などが、まさにそれであった。「バブルを正当化するための理論」が生まれ、その理論を妄信して株価を異常な値段にまで買い上げるという動きが生じたのである。

しかし、異常な事態は、やはり長続きせず、結局は、妥当な値段に落ち着くことになったのだが、教訓として絶対に忘れてはならないことが、

「バブルを正当化する理論が現われたときが、バブルの最終段階である」

という事実である。

このことを、二〇世紀の世界にあてはめてみると、「唯物史観論」が本末転倒を象徴していた。つまり、ソ連や中国が共産化していく様子を見たために「資本主義の次には社会主義が来る」と多くの人が単純に信じ込んだ時代があった。

当時は「ドミノ理論」という言葉が流行して、世界中の国々が次々に「共産化」するのではないかと考えられ、怖れられたのだが、「ソ連の崩壊」や「中国の資本主義化」という現実を人々が自分の目で見たために、こんどは逆の動きが起きている。つまり、資本主義という思想・行動が偏重されすぎているのである。

その結果として、こんどは世界中の人々が「資本」という「お金」に対して絶対の信頼を置くようになったが、このような状態こそ「お金のバブル」の最終段階である。

「お金に対する信頼感」が強くなっていく過程では、「商品」よりも「お金」を多く持とうとするために、いわゆる「デフレ」の状態になってしまう。

そして、最終段階では、デフレを正当化する理論が生まれ、「百年デフレ」というような意見

までまかり通ってしまうのである。それで「二十一世紀はデフレの時代である」と、多くの人が信じ込んだわけだが、現在では、このような意見は、ほとんど聞かれなくなった。

このことも、バブルの最終段階では「正当化するための理論が生まれる」という好例だと思われるが、「お金のバブル」が弾けたときには、商品価格は信じられないような値段にまで高騰するであろう。

まさに「あんパン一個が一万円」の時代の到来である。

第四章　パンドラの箱に残ったもの

【100年後の世界の人々へ】

一〇〇年後の世界に生きるあなた方は、

「いまから一世紀前の人類は、じつに愚かだった」

と嘆き、驚いていることだろう。

当時の人類は「お金」というものにトチ狂い、火星に探査衛星を打ち上げ、移住計画を本気で考えるほど地球環境をダメにし尽くし、詐欺事件も殺人事件も平気で犯すようになったと。

人間関係のなかで一番大切なものは「信用」である。

それを、まったく意に介さなくなった私たちの社会の悲劇にたいして、未来の人たちはどういう評価を下すだろうか。いまの世の中に生きるわれわれでさえ、さまざまな犯罪が起きるのを見て「人間とはここまでするものか?」という感を否めないでいる。

だが、このことにも大きな理由があり、これまで述べてきたように、残念ながら長い歴史のなかでは「自然な流れ」としてこのような社会が形づくられたとしか言いようがないのである。

$ 堕落した日本人について

最近の日本人を見ていると、世の中の出来事に対して「無関心」を通り越して、「私ハ日本人デハナイ」

というような顔を平気でしている人が、大勢いるような気がしてならない。

イラクに自衛隊が派遣されようが、年金や国家財政が破綻しようが「ワレ関せず」という態度を決め込んでいるのではないか。非常時だというのに、かつてのようにデモらしいデモも起こらず、ひじょうに「おとなしくなっている」と感じるのは、私だけなのだろうか。

歴史をふり返ってみても、こうした「日本人」はかつては存在しなかったと思われる。

いまの世の中は不気味ともいえる状態になっているのだが、結局は、自分に「火の粉」が降りかかってくるまでは「様子を見よう」という態度を決め込んでいる人が大半を占めているのであろう。

たしかに個人の力（ちから）は、社会やそれぞれの組織が肥大化するなかで、ひじょうに小さくなってしまった。

その無力感のなかで、国会議員の「年金未納問題」や警察官による「裏金づくり」など、ほんらいは国民の模範となるべき人たちのあまりにもデタラメな行為を見ても、「結局、かれらは何をしても許されるじゃないか、だったらオレたちも」と、若い人などは錯覚してしまうこともあるのだろう。

公共放送（ＮＨＫ）の不祥事に対して朝日新聞が「日本放蕩協会」と揶揄したというエピソードが話題になったり、多くの人が「受信料の不払い」という行動を起こしていると聞いても「それがどうした？」と思っている人も大勢いるのだろう。

現在の日本人は、史上最大の高度経済成長後に、史上最大の堕落をしていると私は考えているが、このことを国家と個人の「力関係」でいえば、国家の力が強くなりすぎたのと、個人が、いわば「国家依存症」になっているという状態が、その原因である。

60年サイクルから見れば、このことは簡単に説明がつくのは前章で述べたとおりである。

かつては、右のような事件が続けば「お陰参り」などの抗議行動が起こっていた。

とくに注目すべき点は、江戸時代に60年周期で3回ほど「お陰参り」が起きているという歴史的事実である。

このことは「国家権力」や「お金の力」のサイクルと合致していると思われるが、人々が何も信用できるものがなくなったときに、世の中の自浄行為として、このような行動が存在したものと思われる。

明治維新の前年にも同様のことが起きている。このときには数百万人もの人たちが「ええじゃないか」と叫んで、「お伊勢参り」をしたそうである。これを現在の状況にあてはめると、警察官が盗みをするのだし、国会議員も年金を払わないのだから、

「何をしてもええじゃないか」

という気持ちになるのも半分はうなづけるような気がする。

だが、真の問題はどこにあるのだろうか。

二〇世紀の世界は、たしかに科学技術の進歩には目覚ましいものがあった。これは間違いがない。ところが、科学が進歩するにつれて、人間の「心」を育むはずの道徳や倫理の役割が、低下していったことも事実であろう。経済の成長にともなって、さまざまな組織が形成されていくと、人々はその組織のなかに埋没し、地域や国、世界という大きな枠組みの変化には鈍感になり、知らず知らずのうちに堕落していったのである。

とくに先進国と呼ばれた国々では、より高度な文明社会が形成され「大量生産」「大量消費」

の考えかたが隅々にまで行き渡った。そしていったん、このような生活を経験すると、人々の心のなかには失うことへの「恐怖心」が芽生え始め、それがだんだんと大きくなっていったのである。

最終的には、より多くの「お金を儲ける」という考えと、巨大な社会システムから「落ちこぼれる」ことへの恐怖心が、全世界に広がり、いつのまにか一人ひとりの「努力」や「勤勉」という人生にたいする態度（生きかた）は物質至上主義のなかで摩滅してしまったのであった。これが、資本主義の最後の隆盛の時代（1980年〜現在まで）に人々のあいだに浸透していった「心」の変化であった。

べつの言葉でいえば、「目に見えるもの」だけを追い求め、「目に見えないもの」が忘れ去られていった時代であり、最終段階では、マネー経済（金融経済）のほうが実体経済をはるかにしのぎ大膨張するという「本末転倒」した社会を形成してしまったのである。

$ 大企業の重症カルテ

現実のいまの世界に目を転ずると、たいていの企業は好決算を公表するところが多く、表面上は好調のように見える。

しかし、この好決算も、リストラによる成果であり、社員は、たいした恩恵にはあずかっていないのが現実の姿であろう。いまの時代は「企業が良くなり、社員は我慢をしている状態」である。

1990年ころには、「これから少子高齢化の時代が来る。社員を囲い込まなければならない」と考えた企業が多かった。バブル崩壊直後の時代である。その結果として、人件費の高騰により企業収益は落ち込み、反対に社員の待遇は、いままでの慣例を崩すことができなかったために、それほど変化することはなかった。そこでは「社員の待遇は良く、企業が我慢をした状態」にあったといえるだろう。

これらのことも、結局は、大企業がバブル崩壊後の世の中を正確に予測することができず、結果的に経営に失敗したことがその理由である。

しかし、不思議なのは、

「大企業の場合には、だれが実際の経営判断をしているのか?」

ということがよく見えない点である。

表面上は、社長が最終決断をしていることになっているが、実際には、組織が大きくなりすぎた企業は「官僚化」が進行しているケースが多い。そこでは「法人」という名の組織が一人歩きをし、多くの社員は、官僚化した組織の各頂点に立つ一、握りの「ボス的社員」によって動かされているのではないか。

そのために「会社を守るため」という大義名分が先行し、リストラの名をかりて平気で同僚を解雇するというような事態が進行しているのである。

この点、企業の原点ともいえる「零細企業」の場合には、官僚化の進行する余地はない。一人ひとりが一所懸命に働かなければ、会社そのものが存続できないからである。

だが、大企業の場合には、組織が大きくなりすぎたために、会社の存続よりも自分の地位の保全を図るほうが忙しくなっている。そのために、個々の社員は会社に対して意見をいうどころか、命令に服従しなければ自分の机がなくなってしまうという「恐怖心」に支配されているようである。

その結果として、経営陣の力は強くなり、平気でリストラをおこなえる環境が整ったわけだが、組織の「求心力」は逆に弱くなってしまったといえる。

つまり、多くの社員が考えているのは、

「自分にとって、より働きやすい職場があれば、会社を移ることには何の抵抗もない」

という心理に変わっていることである。

かつて大企業が成長してきた一番の理由は、その社員たちが自分の会社に対して「希望」を抱き、一生懸命に働いて生産性を上げてきたからであった。しかし、現在では、若年層といえども将来に対して不安を抱き、大企業を離れてベンチャー企業を立ち上げたいと考えている人も大勢いる。

もちろん、すべての大企業がこのような状態にあるわけではないが、重い「大企業病」に陥った会社にたいして投資する魅力は、まったくのゼロである。

$ 国家依存症の治療薬を

自分の国の悪口はあまり言いたくないが、私は、現在の日本人は史上最大の「堕落」を経験しつつある国民ではないか、と思っている。

テレビを見ていると、これでもおなじ国民なのかと目を疑うような陰惨な事件が毎日のように報道され、国をリードするはずの政府も大企業の幹部たちも、言い訳や責任逃れに終始している。自分本意のあまりの身勝手さに、

「いい加減にしてくれ」

と思わず叫びたくなるほどである。

つい最近も、ＪＲ西日本の脱線事故という鉄道史上まれにみる大事件が起きた。

鉄道とは、人と物資を運ぶ文明社会のライフライン（生命線）である。世界でも最高の技術水

準を誇る日本の鉄道であったが、今回の大事故は、現代文明のもつ危うさをあらためて私たちに見せつけてくれた国民全員が衝撃を受けた大事件である。それは同時に「利益最優先社会の恐ろしさ」を私たちに教えてくれる。

今回の事件ではっきりとしたことは、

「大企業病に犯された人々は、どのような行動を選択するのか？」

ということであった。

なんだかんだと言いながら、最後には「顧客」のことよりも「自分の会社」の事なかれ的な延命策を最優先するということである。そのためには「嘘」や「言い訳」も平気で多用し、何とか世論の嵐の過ぎ去るのを待って責任免れをしようとするのだが、いまでは国民の目もマスコミの目も厳しくなっている。

「かんたんには許さないぞ」

という気運が高まっているのである。

これまで私たちは、記者会見のときだけ、報道陣の前で深々とこうべを垂れるかれらの姿を、何度見せられてきたことであろうか。しかし、もう曖昧な責任のがれの言動は通用しなくなってきたのである。

このように「本末転倒」した社会では、会社本来の目的にむけたプロセスである「顧客への奉仕」という態度が忘れ去られ、結果として得られる「会社の利益」のみが優先されることになってしまったのだが、もう、そうした企業の姿勢にたいして人々は、はっきりと嫌悪感を抱き始めているのである。

だが、それは同時に、「史上最大の堕落」を経験した日本人が、ここへきてようやく「史上最大の覚醒」を始めている、ということでもある。そして、この「覚醒」にこそ、未来への希望のカギが隠されているのである。

しかし、それにしてもＪＲ西日本の脱線事故による犠牲は大きすぎた。この事件を、たんに安全装置の技術的問題にとどめることなく、利益最優先社会を形成するもとになった「お金の本質」を問う事件として教訓にしなければ、亡くなられた人たちは浮かばれないであろう。その問題が明らかになったとき、これまで幾多の悲劇を生みだしてきた大企業の「病《やまい》の本質」も白日のもとに曝されることになるのである。

かつて批判の的になった旧国鉄の「親方・日の丸意識」と同様に、国家に対する「過剰な信頼感」こそが、最大の大企業病の正体（病因）であるといえる。

「巨大な組織に住み続ければ、一生、安泰である」

というような意識は、すでに大きく変貌をとげる時期がきているのである。

このことは民間企業に限らず、「国家」という大組織そのものが病んでいることに一番の原因がある。その意識への反省は、「お金」という存在がすべてに大きな影響をあたえていたことへの反省にそのままつながっていくだろう。それは「一万円札」や「国債」に対するこれまでの過度の信頼を疑い始めた人々の「気づき」である。

「大企業病の恐ろしさに気づき始めた人たちが、今後、どのような行動をとるのか？」

これが、これからの最大の注目点である。

$ なぜ失敗に学ぼうとしないのか

このことは、現代の日本人の「失敗のメカニズム」にも大いに関係がある。経済・金融界における大組織もおなじ失敗を繰り返している。それは、すこし前の過去をふり返れば明らかであろう。証券界では、たとえば、山一證券においては「飛ばし」と呼ばれる粉飾決算がおこなわれ、この不正をチェックする機能が、まったくはたらかなかった、という事実がある。

なぜ、このようなことが起きるのかを分析してみると、「権力」を持った人たちが過去の失敗を明らかにせず、問題を「先送り」にしたことにあった。換言すると、時代の変化に対応できなかった首脳陣が過去の「残像」にとらわれてしまい、時間稼ぎさえすれば、何とか元の状態に戻ると「錯覚」したことに原因があった。これが失敗のメカニズムである。

しかし、時間とは残酷なものである。時が経過すればするほど、世の中はますます変化し、失敗の規模が膨らんでいった。そして遂に資金繰りがつかなくなったときに「破産」という最終手段に訴えざるをえなかったのである。

組織の一員である山一證券の社員自身にも問題があった。一部の人たちは「不正」を知りながら、会社のため・自己保身のために、その不正を隠してしまったからである。その結果、社会全体として巨大な損失を被ることになった。

だが、権力を握った人たちの前では、個人の力などまったく無力化してしまい、もっといえば「隷従化」という現象さえ起こってくる。それも、本人はそれとは気がつかないまま進行していく恐ろしい心理作用（病魔）なのである。

問題を隠蔽しようとする心理は、「心」が「顧客」を向くのではなく、「会社」や「自分」の方向をさしていたことを意味している。つまり会社の奴隷と化したサラリーマンが自分の利益だけを考えて顧客の利益を無視すれば、その結果として顧客から見放され、利益が上がるどころか、会社の存続そのものを危うくしてしまう。

このように、組織に埋没して広い世間が見えなくなってしまうというのは、じつに恐いことであるが、以上のことは、あらゆる「組織」にあてはまることなのである。

大きな「天地自然の理」に反した行動をとれば、それは「堕落」の始まりにつながる。権力に隷従する人たちが増えれば増えるほど、その権力そのものが強くなる。そしてチェック機能がほとんど働かなくなれば、その悪循環として、権力者が自己保身のために不正を犯しやすくなってしまうのが「堕落」のメカニズムである。

このことも、「自分のことだけ」を考え、他人がどうなろうとも関係ないという「自己中心主義」の意識が生みだした産物であるのは間違いない。

$　すでに通貨の「腐敗」が始まっている

2000年代の初頭、その一〇年間の後半段階にあたる「現在」は、すでに崩壊の「第3段階」の佳境にある。このことを象徴していた「メガバンクの苦境」は頂点に達し、すでに希望は失われたようである。

つぎの段階は、

「中央銀行や国家の破産への始まり」

である。

遂に過去の失敗を先送りにしてきた「ツケ」を払う時期がきたのである。それは結局、強い権力を持っている人たちが、その権力に隷従せざるをえなかった人々に対して「犠牲」を強いる結果になるのだが、最後には「破産」という最悪の事態が待っている。

そのきっかけになるのが「国債バブル」の破裂であるのは、もう間違いないのだが、国債バブルやデリバティブ・バブルがここまで大きくなるとは、一〇年前には、さすがに私も思っていなかった。

そして、これまで日本人の史上最大の「堕落」を見てきたが、いま起きているさまざまな事件を見ていると、「堕落」の段階はとうに過ぎて、すでに「腐敗」の時代に入っているのではないかとすら思える。

まだ堕落の段階においては、その人の「個人の問題」にすぎなかった。

たとえば、自己破産の場合を考えてみても、それは他人からの借金が棒引きになるだけであり、他人の持っているものを「積極的に奪う」という行為ではない。自己破産者にしても、はじめから踏み倒すつもりで借金を重ねたという人はすくないだろう。

ところが、いまの世の中では、自分の生き残りのためには、他人に対して損害を与えても「何とも思わない」というような事件が数多く見られるのである。強盗や泥棒の被害が日常的に発生し、最悪の場合には、わずかなお金のために見ず知らずの人を「殺してしまう」（生命を奪ってしまう）事件さえ起こっている。

もちろん、日本人のすべてがこうした事件を起こすわけではないし、善良な人々のほうが多数であることも知っているが、それでも一部の腐敗した個人が「腐ったリンゴ」になり、林檎箱のなかの他のリンゴまで腐らしてしまうことが心配なのである。

毎日のニュースで、目を覆いたくなるような事件が頻繁に報道されるのを見ていると、「日本人もくるところまできた」というため息をもらすのは私だけであろうか。日本人のモラル（倫理観）がこれほど低下した時代は、歴史上きわめてめずらしいことであろう。

いま起こっている犯罪事件は「お金がほしかった」という動機がほとんどである。

しかし、世の中に起きる出来事には「無駄」なものは一つもない。すべてのことに意味があり、数々の事件は私たちに、

「このままではいけない」

という思いを与えてくれるのである。

だから、「腐敗」もけっして無駄にはならない。それは次の時代への「肥やし」につながる。腐ったものは同時に世の中の膿（うみ）ともいえるものだが、その「膿を出す」ことによって、また、新たな世の中が生みだされていく。肥やしは、つぎの新たな「芽」を生みだす栄養となるのである。こうした新しい時代への「形成のプロセス」は、これまでの人類の歴史にも繰り返し見られた現象であった。

あきらかに、時代は、すでに「崩壊の時代」の最終段階に入っている。この一〇数年間で、「民間企業」の信頼は失われ、つぎに「民間銀行」の信用崩壊が起こり、現在では「中央銀行」や「国家」への信用低下が起きている。これは「最後の砦」の死活問題とも呼べるものであるが、残念ながら、歴史の大きな流れから見れば、この砦も時間とともに「崩壊」することが簡単に見えてくるのである。

かつては「通貨の堕落」という言葉が流行したが、これから起きることは、確実に「通貨の腐敗」であろう。だが、そのときから本当の「新たな時代」が始まるのである。

$ 官僚の時代が終わった

世の中は、かならず「創業」「保守」「因循姑息」「崩壊」というサイクルを繰り返す。

このことは何度も述べてきたが、ここでは公務員あるいは官僚というものの存在に、それをあてはめて考えてみよう。

創業と保守とは「陽」の動きであり、陽とは太陽が地球を照らし、植物が育っていくときのように「分化して生成発展していく」ようすを表わしている。新たな事業が勃興し、その事業活動という「目に見えるもの」を守っていくことを意味しているのである。

このときに重要な役割をするのが「思い」というエネルギーである。

「世のため、人のために、何か新たなことをしたい」

という純粋な「思い」が新しいものを創りあげ、そのできあがったものを「守っていきたい」という「思い」が継続の力になった。明治維新という一種の文化革命により、西欧の文明摂取が積極的におこなわれた後の時代である。

だが、創業と保守の時代を過ぎると、「目に見える形」ができあがったものの、その反対に目に見えない「思い」は少なくなっていく。つまり、できあがった「形」にとらわれてしまい、それが偶像化され、逆に人々の目をくらましてしまうのである。

この「因循姑息」の時代に入ったときには、世の中は「事なかれ主義」になるが、こんどは官僚が活躍する時代にはいる。国家の力（ちから）が強くなると、法律の数が増えていき、その結果として「許認可権」をもつ公務員の力が強くなっていくのである。

「役人の自己増殖は止まらない」

というパーキンソンの法則があるが、この増殖現象が大きな問題を引き起こす時期がやってきた。現在の日本には、国家と地方を合わせて、約400万人の公務員が存在する。そして平均の給与は年間1000万円弱、なんと民間人の約1・9倍である。

それを単純に人数と平均給与を掛け算して、年間の公務員の給料を計算してみると「40兆円」弱という、じつに膨大な数字が出てくるのである。これは、公務員の給料だけで日本の一般税収の約五〇パーセント（半分）を使っている計算になる。

この給料を払うために、国債や地方債の多くが使われているという事実を、私たちはどう考えればいいのか。

しかも国家と地方の「借金」を合わせると、総額が「1000兆円」にも上ろうとしている現在においては、国債バブルの「崩壊」により、衝撃的な大問題が起きるのは疑う余地のない事態なのである。

$ 新しい時代の政治家と「公務」員

現在の世の中は「信用崩壊の時代」を過ぎて、すでに「対立の時代」へとはいっている。相手を信用できなくなった結果、相手に対する「憎悪」の感情が芽生える。このことを教えてくれる象徴的な事件が「道路公団問題」であった。

これほどまでに「政治家」と「官僚」がいがみあいをした事件もめずらしかったが、これからの時代には、このような事件が頻繁に起こることが予想される。

こうした事件が起こる根本的な原因は、やはり「戦後のサイクル」のなかで考えてみるとよく理解できる。政治家と官僚の「利害」は、戦後の高度経済成長期の日本においてはうまく一致していた。戦後の廃墟の中から日本経済を建て直し、経済発展をめざしていた時代には、政治家と官僚が手を結んでいたのは当然だったといえよう。そして、その大部分は国民の利益にもつながっていたのである。

ところが問題は、経済の高度成長が終焉してからの事態であった。とくに1980年代以降の日本においては公共投資のメリットが少なくなり「本四架橋」に象徴されるように、逆に、橋を作って得られるメリットよりも、国民の負担のほうがはるかに大きくなってしまったのである。

このように、世の中が変化すれば、政治家と官僚の利害が相反する場合が生じるのも当然である。つまり、国民に選挙で選ばれている政治家は、票を握る選挙民のほうに目を向けざるをえない状況になっている。ところが、官僚の場合には、チェック機能がほとんど機能していないために、いまだに高度成長時代の考えから抜け出せないでいるのである。

もっといえば、さきのパーキンソンの法則のとおりに、官僚は自己増殖と税金を増やすことだけを考えて、支出を減らしていくのは不可能だと考えているのかもしれない。

このようなメカニズムが、日本の財政を破綻に近い状況にまで追い込んだのだが、国民も、少しずつではあるが、このことに気づき始めたようである。

すなわち、これから起きることは「国民」対「官僚」の対立へと進展し、具体的には多くの国民が「税金の使い道」に対して真剣に文句を言い始めるのであろう。

しかし、残念ながら、すでに時遅く「手遅れ」である。どのような手を打とうとも、これほどまでに膨らんだ国家の「借金」を返すことは、もはや不可能なのである。

そして、国債価格の暴落とともに、さまざまな問題が噴出するのであろうが、このときに大切なことは、過去にも同じような問題が起きたという「歴史的事実」を思い出すことである。

過去においては、いまのようなピンチの状態になると、立派な、実力のある政治家が現われ、問題を解決してきた。ということは、ようやく「現代の日本」も、このような政治家が現われる時代にはいったのである。

$ 平成の新井白石はだれだ!?

かつては「昭和元禄」という言葉が流行した。

いまから、ちょうど三〇〇年前の元禄時代と昭和の時代がよく似ているというので、この名がつけられたわけだが、現在の状況から鑑みると、昭和元禄よりも「平成元禄」という言葉のほうがぴったりではないだろうか。

私が考えている元禄時代の特徴は「文化の爛熟」と「通貨の堕落」の2点である。

当時も現在と同様に、庶民は刹那的になり、その反動として多くの人が「遊び」と「お金」に惚けていたと思われるが、通貨にかんしても歴史に残る名言があらわれた。

それは、当時の勘定奉行だった荻原茂秀の言葉で、

「国家の発行するものならば、瓦礫《がれき》でもお金として通用する」

というものであった。

その後、国家の信用を基にして貨幣の「改悪」を繰り返したのだが、その策略が、現在の「国債の大発行」と経済学的にはおなじ意味を持っているものと思われる。

当時は「金銀本位制」であり、通貨の発行額には限度があった。

しかし、現在では「瓦礫」ならぬコンピューターのなかの「数字」が通貨になったために、信用がある限りは、無制限に通貨や国債を発行できる時代なのである。だが、人々がその国債や通貨を信用しなくなれば、お金の価値は激減してしまう。

元禄時代に起きたことも、

「通貨の改悪が限界点に達したときにインフレに見舞われた」

という事態であった。

人々が質の悪くなったお金を信用しなくなり、換物運動という、お金を物へと換える動きが

活発になったのだが、このことは現在起きている株式や金、一次産品価格が上昇している理由とおなじものである。

さらに注目したいのは、ついに政策が行き詰まったときに荻原茂秀が罷免され、その後任に新井白石が登場したという点である。彼がおこなったことは、改悪された通貨の価値を元に戻すために「正徳金銀」を発行したことであり、同時にそれは、爛《ただ》れきった人々の「心」を正すことでもあった。

新井白石に限らず、すべての偉人に共通することは、世の中の制度を変えるだけでは不十分であり、人々の「意識」を変えることから始めなければ、

「本当の改革はできない！」

ということを熟知していた点である。

だが、この改革が起きるためには、その前に「混乱状態がまず必要だった」ということも忘れてはならない。

さきに述べたように、当時、それは庶民の「お陰参り」という行動であった。困窮した人々が暴力的行為に訴え出たのであるが、いまの時代には、どのような事態が生じるのであろうか。現代の新井白石が一刻も早く現われるのを待ち望むばかりである。

$ 日本国をいくらで買ってもらえますか

証券会社に勤めていたころに、華僑と付き合っていて、「どうして三代目は駄目になるのか？」という話になった。

そのときに思い出したのが、

「売り家と唐様で書く三代目」

という日本の諺である。

三代目で家をつぶすのは、現代では日本に限らず、全世界共通の問題のようである。

たしかに初代の「創業者」は、目的を達成するためには、なりふりかまわずに行動しなければならなかったであろうから、大きなエネルギーをもっていた。その甲斐があって、結果として事業を立派に成功させたのだが、二代目になると「保守化」が起きてしまう。創業者が起こした事業を「引き継ぐ」ことだけを考えて、新たに発展させようという意識も気力も低下してしまうからである。

そして問題は「三代目」である。裕福な家庭に育ち、苦労を知らないために、言うことだけは立派になるのだが、困難な局面には対応（行動）ができなくなってしまう。そのために、自分の持ち家を立派な「唐様」（当時の文字のスタイル）で書いて売りに出す、つまり手放すことを皮肉っているのだが、このことは大部分の「三代目」が遭遇する、避けることのできない事態なのかもしれない。

もちろん、すべての家が三代で終了しているわけではないし、真に立派な家には「家訓」という哲学（教え）が残されている。子孫を正しく教育するその「システム」が残っている家系は、末代まで栄えるのであろう。

かつて明治維新のころ、越後・長岡藩では、戊辰の役で負け、焼け野原になったときに見舞いに送られてきた「米百表」を、食料としてではなく「学校」を建てるための教育資金として使ったという。これが、いまに伝わる「米百俵」の精神であるが、人間を育てなければ、いずれ「売り家と……」という諺が、そのまま一国の運命にも当てはまることになるのであろう。

中国の歴史を調べてみると、まさに、このような出来事が多発していたのだが、政治家が三代目になったときには、よくよく気をつけなければならない。

目を転じて、わが国の政治家はどうであろうか。

庶民の生活を、実感をもって理解している「代議士」がどれだけいるだろうか。親の地盤を受け継いだだけで、国民の本当の「痛み」を感じることができず、そのために、立派な言葉を弄するのみで問題を先送りにしているとしか思えない政治家が多すぎる。はたして、いまの国会議事堂に「米百俵」の精神をもった政治家がいるのだろうか。

だが、問題は国民の側にもある。現在の民主主義は「衆愚政治」といっても過言ではない。テレビ画面に映る有名人やスポーツ選手、俳優などを、政策とは無関係に選んでしまう行為は、これほどマスコミが発展した時代でなければ起こりえなかった現象であり、歴史上でも稀なことである。

「売り家を……」と書いているうちは一軒の家の問題にすぎない。

しかし、現在の状況は「売り国を」と書かなければいけない時代が来たのではないか。

$ 種まきがあって実りが得られる

現在の世の中には、さまざまなところで「本末転倒」の現象が見られる。例をあげれば枚挙にいとまがないが、本書でとりあげた最近の社会現象はすべて「アベコベの出来事」であるといっても過言ではない。

では、なぜこのような事態が起きるのか。

実をいえば、そこにもちゃんと、あるメカニズムがはたらいているのである。どんな事態が起こっても、そのメカニズム（仕組み）を考え、根本から考えてみると、ものごと（問題点）は実にハッキリと見えてくる。

たとえば、人間の産業の基本である「農業」を例にとってみよう。

農業は人類最初の科学（サイエンス）であるといわれる。春に種を蒔き、秋に収穫するというのが、ほとんどの場合、基本的な作業（労働）である。このことが意味しているのは、適切な季節に種を蒔かなければ収穫という実りの秋は訪れないということであり、いいかえれば、それは理にかなった「過程」（プロセス）が存在してこそ、はじめて豊かな「結果」を得られることを私たちに教えている。

「蒔かない種は生えない」

ということは厳然とした事実（真理）である。

このことを素直に考えてみれば、プロセス（過程）にこそ「本質」があり、収穫の出来・不出来という結果は、たんなる「現象」に過ぎないということもわかる。

このことは「未開の土地」に人間が住んでいたころも同様であった。木に熟《な》っている果実を、ただ見ているのではなく、みずから「採りに行く」という「行動」（プロセス）がなければ、「食べる」という「結果」を得ることはできない。これは、きわめて「あたりまえ」のことであり、いまさら述べるまでもないのだが、社会が複雑になり、分業化が進んだ現代では、この「当然のこと」が忘れ去られていることがあまりにも多い。

いま起きているさまざまな事件にも、このことがそのままあてはまる。

それらはプロセスをないがしろにして、結果だけを求める本末転倒の行為といえる。たとえば米泥棒などは、まさに顕著な例であり、他人の苦労（プロセス）を無視して、その収穫（結果）をまるまる奪いとってしまう残忍な犯罪の例である。

田植えから収穫までの他人の労働（プロセス）をそっくり奪ってしまう行為は、ひとの「痛み」を感じなくなった現代人の悪しき特徴の典型であろう。

あるいは保険金殺人の場合には、ある人の「死」により、そのひとの人生（生きていくプロセス）そのものを奪ってしまい、「結果」としての死亡保険金を手に入れる。これも許し難い犯罪であるが、現代ではこうした事件が、いともたやすく平気で引き起こされている。

犯罪とはちがうが、人々が犯しやすい失敗として企業の「商品」と「売り上げ」の関係もそうである。

「お客様が喜ぶ商品をつくる」

というプロセスをないがしろにして、売り上げという「結果」だけを求めているのである。

このように、現在の最大の問題点は、人々が労せず「結果」だけを求め、そこにいたるプロセスである「自分の努力」を惜しんでいるということである。

これが「自分」のことだけを考え、「他人」のことを忘れてしまうという人生の態度にもつながっているのだが、その象徴として、やはり現代には「お金」の問題が存在している。

お金は、実体経済の「結果」にすぎない。

さまざまな「商品」がつくられ、販売され、その繰り返しの努力の積み重ねが基本であり、お金が「儲かる」かどうかは、自分の努力が正しかったかどうかの評価（結果）に過ぎないのだが、本末転倒の世の中では、こんな「あたりまえ」のことも忘れ去られてしまったようである。

$ 人間の生活にいちばん大切なもの

結局、本末転倒と呼ばれている事態は、ものごとの「根本」を忘れたために起きているということは明らかであろう。世の中を騒がしたテレビの視聴率問題から、人間の労働、教育の荒廃、果ては無責任国家の問題にしても、すべてそのことに原因がある。

先日、あるテレビ局で視聴率の捏造事件があったが、視聴率などはひとつの「結果」にすぎない。おもしろい番組をつくれば、視聴率は当然、上昇する。ところが、ほんらいの仕事である「番組の内容」づくり（本質）よりも、現象である「視聴率」を重視したためにバカバカしい本末転倒の騒ぎが起こる。

現在の教育界においても同様である。教育のほんらいの目的は、

「自立して社会で堂々と生きていける人を育てる」ことにあるのだが、残念ながら、現在では「有名大学」に進学することだけが、とりあえずの目的になっている。

そこでは受験「テクニック」は学ぶものの、社会に出て実際の仕事をする段になると、人間性に問題が現われてしまい、他人と協調してものごとを進めることができない。その「心」が育たない結果として、せっかくの若者が、フリーターやニートと呼ばれる人の仲間入りをしていくのは残念なことである。

むずかしい仕事を教育者にばかり押しつけている私たちにも責任があるが、教育は荒廃の一途をたどっており、そのために、いまでは日本人が海外で尊敬されることが少なくなってしまった。学歴をもたない「松下幸之助」の偉大な功績を、いまの若い人はどれくらい知っているだろうか。

だが、数少ない例外として、大リーグの「松井」や「イチロー」の存在が、いまの私たちを勇気づけてくれる。彼らが成功に導かれたのは「野球が楽しい」という根本の動機がしっかりしていたからであろう。結果としての「数字」は、始めに求めていたものではないはずである。

さらにいえば、現代の学問状況もそうである。これは教育活動に密接につながる長い時間のかかる貴重な仕事であるが、たとえば、いまの経済学の理論はどうなっているのか。ほんらい経済学とは、現実（いま存在する社会現象）を対象として、その基本的な原理を学び普遍化するための理論構築ではなかったのか？

ところが、現在では「過去の現実」を分析した理論にとらわれて、極端な例をいえば資本主義勃興期を対象にした「金貨の時代の経済学」の理論に、いまだに固執している人たちもいる。現実が変化しているのだから、それを分析する理論の中身も変化していくのがあたりまえなのに、すでに無効になった理論をいつまでも「偶像崇拝」しているのである。その結果、現実と理論が合わなくなっている場合が多いのだが、極端な場合には「現実のほうが間違っている」と大まじめに考えている人も少なくないのである。

「学問をもって天下を殺す」

と、かつて勝海舟が喝破したことがあったが、まさにこのことであろう。

企業内における本末転倒においても同様だが、このことはすでに述べた。「業績」という結果だけを求めると顧客を無視することになり、「商品」の内容よりも「売り上げ」を第一に重視するという本末転倒である。短期的には業績が向上するのかもしれないが、長い目で見れば、顧客が離れていき、業績が悪化していくのである。

そして現在の最大の本末転倒は、「国家と国民の関係」ではないか。

ほんらいは、国民が税金を払うことによって国家が成り立っている。しかし、現在では、国家の力が強くなりすぎているために、税金はただ納める（とられる）だけのものになってしまい、その「血税」の使い道については「チェック機能」がほとんどはたらいていない。

この点、国家が強力な主導権を発揮し、国民がおとなしくなってしまった「結果」としての悲惨な出来事を、私たちの国は、つい六〇年前に経験しているのである。

§ 二十一世紀のホンネとタテマエ

最近ではあまり聞かれなくなったが、以前は「ホンネとタテマエ」という言葉がよく使われていた。

かつては、

「自分の思っていることは『私』の部分であり、『公』のためには、時として嘘をつかなければならない場合もある」

というのが生きる知恵（要領）として重宝されていたのだが、これは「滅私奉公」という言葉のとおりに、「公」という全体のために「私」という個人をあまり出さないことが世間の「常識」とされていたのである。

しかし、もう少し深く考えてみると、当時は、国家全体が高度経済成長の時代であり、全体のパイが拡大することにより、個人もその恩恵にあずかっていたという時代背景があった。そのために、個人は文句を言うどころか、よろこんでその全体的な方針に従っていたのである。

このように、当時の人々は、本来の「滅私奉公」の意味を履き違えて使っていたのではないかとも思われるのだが、人間にとって「ホンネ」という、自分の「本当の心」を確信することほど難しいものはないのかもしれない。

かつては「ギブ・アンド・テイク」が人々の自然な「心」のありかたであった。

市場経済においては、これは当然の成りゆきであり、そもそも一人では、生活に必要な物資を手に入れることができず、生きていくことはできなかった。

そこで、自分の持っている商品と相手の商品とを交換することによって、商売が成立し、自分の生活も維持できる仕組みができあがったのだから、自分勝手はゆるされない。手前味噌は、やがて自分の首を締めることにつながるからである。

ところが、やがて世の中は「テイク・アンド・テイク」になってしまった。

もちろん、すべての人にこのことが当てはまるわけではないのだが、多くの人は自己中心主義におちいり、自分の努力（プロセス）よりも多くのお金（結果）を求める傾向が強くなっていったのである。

その典型が、日本の土地バブルの全盛期だったわけだが、いまでは徐々に「ギブ・アンド・

ギブ」という言葉にあらわされる時代にはいったように思われる。

このことは、NGOの海外協力やボランティアが盛んになっていることが好例であるが、ほとんどの人の「意識」と「行動」はテイク・アンド・テイクになりながら、深層心理のなかで求められ始めたものは、じつはギブ・アンド・ギブなのである。

このことを理解するためには、「希少性」という概念が役に立つであろう。

つまり、ほとんどの人がテイク・アンド・テイクになったために、ギブ・アンド・ギブの人に希少価値が生まれ始めているのである。このことは、現代人の多くがサラリーマン（月給取り）になったために、スポーツ選手という「希少価値」を持った人たちに憧れるのとおなじ心理ではないかと思われる。

これからの世の中においては、ホンネもタテマエもなく、自分の本当にしなければならない「使命」に気づいた人たちが、真の成功者（幸せをつかむ者）になるに違いない。

以下、やや蛇足になるが、スポーツの花形選手に限らず、世にいう「天才」や「成功者」とよばれる人たちも希少価値の持ち主であった。

世の中が面白いのは、かならずしもすべての人が同じ「心指し」を持っているわけではないという点である。時代の常識とはまったく正反対の「心指し」を持っている人もいて、その人たちは、ある時代においては「異端児」となり社会からは疎外されてしまう場合もある。

だが、世にいう「成功者」や「天才」とよばれる人たちの多くは、ある時期には人から馬鹿にされ、相手にされなかった経験をもつ人も多い。その孤独な時間のなかでの努力が実り、ウィンドウズを開発したビル・ゲイツ氏は「成功者」となり、ゴッホやピカソなど死後に認められた画家たちの場合には「天才」とよばれることになるのである。

天才と成功者との違いは、その人が世間から認められるスピードの違いでしかないように思われる。いずれの場合にも大切なことは、自分にあたえられたと思う「使命」を楽しく果たすことではないか。

天才も成功者も、前章で述べた「心の円の枠」をひろげた点が共通しているのである。つまり、人類の全体を「円」として考えた場合に、山が噴火するように「一点突破」でつきやぶった結果として「円の半径」が大きくなる。その既存の枠を破らない場合には天才にも成功者にもなれないのである。

$ 告白から懺悔へとむかう「心」

これまで「お金まみれ」になってきた多くの人々が、いかに日本をダメにしてきたかについて述べてきた。

だが、人間というものは、いつまでも「異常な状態」に耐えられるものではない。膨張すぎたものは、かならず弾け、常軌を逸した状態は、いずれ「正常化」されていく。

そして、行き過ぎたものが「崩壊」したあとには、ついに輝かしい「新しい創業」（始まり）の時代が訪れる。これも歴史が証明している事実である。

このことを感じさせる最近の出来事として、これまでのような「告発」ではなく、「告白」から「懺悔《ざんげ》」へという積極的な動きが出てきた。

「警視庁」という、国家のなかでもとりわけ強大な権力をもち、これまで秘密のベールにつつまれていた大組織の元幹部が、自分がおこなってきた「裏金づくり」についてテレビで正直に告白するという出来事が起こったのである。

この一件は、人々の意識が大きく変化しはじめていることを表わしている。

マスコミや市民による「告発」の場合には、他人の不正を暴きだすという、いわば被害者意識からの行動が多かった。

ところが、今回のような「告白」の場合には、自分がおこなってきた不正を悔い、みずから明らかにするという能動的・積極的な行為である。それは人間のもつ「良心」であり心の内奥にある何かが、

「このままでは死んでも死にきれない」

という思いを起こさせ、右のような行動へと向かわせたのであろう。

それにしても、通常は人々に怖れられ、犯罪捜査や被疑者の自白をとるという警察組織の中枢にいた人が、

「みずからの過ちを告白する」

ということは、いままでには考えられなかった出来事である。

組織のなかにいると、知らず知らずのうちに、いままでの慣例が「あたりまえ」になってしまい、善悪の判断ができなくなってしまう。

だが、その組織を離れ、世間の人々が住む「巷の常識の世界」で暮らしはじめると、人間としての正常な「心」が戻ってきて、過去の「心」の異常な状態に気づき、その反省が心の底から湧き上がってきて、自分ほんらいの「思い」を抑えきれなくなったのだろう。

この事件は、氷山の一角にすぎないであろうが、こうした動きは、これから色々なところで起きてくるものと考えられる。

ちょうど一六〇〇年前の「ローマ時代の末期」にも似たような出来事が起きた。

聖アウグスティヌスという人が『告白』という本を書き、あまりにも乱れ切った世の中と自分がおこなってきた「過ち」を正直に綴ったのである。

この本は、いまでも容易に手に入れることができるが（岩波文庫）、それは、その後の西洋世

界のみならず、日本にも大きな影響を与え続けたことを意味しているように思われる。

これらの出来事は、私たちにさまざまなことを教えてくれる。

そのひとつは、これからの「価値観」あるいは「美徳」と思われることは、

「人に対し自分にたいして正直である」

ということではないか。

つまり、自分のおこなってきたことを正直に告白する人が本当に「素敵な人」「格好いい人」と思われる時代が来るのではないか。こうした行動を、勇気をもって実行できる人たちが本当の尊敬を集め、社会に続々と登場し始めるのではないかと思うのである。

これまでは「組織のためなら嘘をついても許される」という組織最優先の時代であったが、すでに世の中は大きく転換しはじめている。

人々が企業の不正を許さなくなれば、「正直に顧客のために奉仕する企業」が、これからの優良企業になっていくのは「あたりまえ」（当然）の成りゆきであろう。

$ 奪い合いから「助け合い」の時代に！

告白には「勇気」が必要である。

その勇気も、じつは人間の「心の座標軸」からいえば、時代の大きな流れをつくりだす「心」の方向性のあらわれといえるだろう。

新しい時代は、けっして現在の「物質文明」をぶち壊すことではない。あくまでその「文明」を基礎にして、まったく新たな社会が形成されていくことを意味している。そのためには、もう一段の大きな変化が必要なのだが、それを乗り越えたときには、まったく新しい輝きを放つ「創業の時代」が待っている。

これからの数年間、混乱のさなかで人々の意識が変化していくが、そのときのキーワードは「助け合い」である。1991年にソ連が崩壊したときには、小さな「共同体」が形成され、人々はお互いに助け合いながら苦難を乗り切ったといわれている。そしてまた、いまから六〇年前の焼け野原になった敗戦国・日本でも同様であった。

社会が裕福になる過程では、人々は「自分のこと」しか考えなくなる傾向が強くなるが、混乱時には「助け合い」の精神が生まれる。このサイクルによって人類は滅びることなく「進歩」を続けてきたのである。

その苦難のときに、お互いに助け合おうとする「心」の大もとは何であろうか。

それは「惻隠の情」ではないか、と私は考えている。

だれしもが心の内奥に宿している「惻隠の情」が、苦難のときには滲み出てくる。人々が貧しければ貧しいほど、他人の「痛み」が理解できる。そして、自分の持っているものを他人に分け合おうとするのである。

　裕福な時代しか経験していない人間は、この点、不幸であるとさえいえる。分け合うことを知らず、よりいっそう「自分だけの富」を増やそうとする考えが強くなっていき、きりがない。しかし、魂の健康な人間には「情」がある。自分よりも貧しい人や、不幸な人に対しては、どうしても「何かせずにはいられない」という感情が湧いてくる。この点こそが「人間と動物の違い」であろう。

　そろそろ、このような時代がスタートしたようである。具体的にいえば、イラクの惨状を見て我身の危険をかえりみずに行動した若者や、新潟中越大地震での救出活動などに、人々の「やむにやまれぬ思い」があらわれている。時に、フライングや軽率さも見受けられるにしても、その「勇気」に知恵をさずけるのが、ほんらいの大人の役割であろう。

　これまでの資本主義は「奪い合いの歴史」であった。そこでは、それまでに蓄積されてきた「信用」が食いつぶされる結果になったが、反対に「助け合いの時代」においては、相互依存により「信用」が蓄積されるという逆説的な面白さがある。

　このことを「お金」にそくしていえば、目に見えない「信用」がなくなっていく過程では、その信用を形にしたお金という「目に見えるもの」が増えていき、商品を奪い合えば奪い合うほど、お金の残高は増えていった。しかし反対に、分け合いの時代になると「信用」が蓄積されるのだが、目に見える「お金」の需要は減少していくことになるのである。

$ ノブレス・オブリージェ

西洋には「ノブレス・オブリージェ」（高貴な身分にともなう責任）という文化的思考がある。社会的に身分が高くなればなるほど、それにともなった責任があり、この自覚がない者を責任ある地位につけてはいけないという考えかたである。

このことは、西郷隆盛が述べているつぎの言葉と同義であろう。

「功績のあった者には俸禄を与え、徳のある者には地位を与える」

現在では、この考えはほとんど忘れ去られているようだが、これからの新しい時代を切り拓く人にとっては重要な指針になるに違いない。

世の中には暗いニュースが多い。「人の不幸は蜜の味」というような興味本位な報道をするマスコミの責任も重いが、新しい時代は、当然、新しい人々によって開かれる。三〇年ちかくも未点検のまま放置されていた原子力発電所の事件などは「驚き」を通り越して「憤り」を禁じえないが、こうした事件も新しい時代の幕開けには必要な出来事だったのである。

東洋学をまなぶなかで、

「ものごとを善悪で考えてはいけない」

ということを私は教えられた。

さきに述べたように、世の中に起こる出来事にはすべて意味があり、無駄なものは何一つないのであるから、問題は、私たちの「これから」の行動である。

事故を起こした原子力発電所の社長が辞任し次の社長になってもノブレス・オブリージェの考えがないかぎり、似たような事件が繰り返されるのであろう。大切なのは過去の出来事（歴史）に学び、教訓として生かすことである。

結局は、子どものことに限らず、現在の人《ひと》を育てる「教育」のありかたを根本から建て直さないかぎり、事件の続発には歯止めがきかないであろう。

このことを企業でいえば、これまでの人材登用の方法には大きな問題があった。従来は「成績の優秀な人材」だけを採用してきた結果として「才能」の面だけが重視され、組織全体や社会に対する「思いやり」を持った、いわゆる「徳のある人」が軽視されてきた。

だが、時代は変わっていくのである。

社員の目的が「会社内での地位の向上」となり「顧客への奉仕」の意識が薄れていった「事なかれ主義の時代」は過去のものである。「社会に役立つ仕事」をしていないサラリーマンがリストラされるのはあたりまえであり、大企業病に陥った会社は経営の悪化に見舞われ、やがては自然淘汰されていく。もう、そうした企業も人間も「崩壊」の時代をむかえているのである。顧客の利益が無視されるような「悪循環」に陥っている現在の世の中を建て直す方法は、やはりノブレス・オブリージェという言葉を思い出すことから始まるだろう。

それは「自分が偉くなりたい人」が選ばれるのではなく、「周囲の人が偉くさせたい人」の登用が盛んになる時代である。

このことは、国家である日本国も同様である。

「お金」の使い道を間違えてはいけない。

世界の平和のために何ができるのかを、国連という具体的な場所で本来の「ちから」を発揮してほしい。六〇年前の焼け野原から見事に経済復興を成し遂げた「ちから」は、アメリカの支援だけでは、もちろんなかったことを、私たちも思い出さなければならない。

いま求められているのは、結局は「徳のある人」であり「徳のある国」なのである。

現在の日本社会をひろく見渡せば「自分の力で人生を切り開いて行こうとする人たち」が確実に増えている。たとえば、すくない社員で経営される下町の町工場から、世界最高水準のハイテク製品（ロボット技術など）が生まれている。

そのことは、結局は『青い鳥』の童話のとおりに、

「本当の幸せは、はるか遠くではなく自分の身近にある」
と人々が気づき始めた証なのである。

$ 喜び倍増の法則

ほんらい「喜び」というのは、多くの人と共有すればするほど大きくなるという性質をもっている。このことは、株式を買う場合でもおなじであり、一人で銘柄を買い付けるよりも、多くの人と一緒に買い付け、その銘柄が値上がりしたときには「嬉しさ」が何倍にも大きくなるのである。反対に、失敗したときの「痛み」も、「自分一人のことじゃない」と思えば、損失金額の多寡にかかわらず精神的な痛みは少なくなるだろう。

以前、アメリカで三〇〇億円もの「宝くじ」を引き当てた人が、結局は不幸な目に遭い、「こんなことになるのなら当選しないほうがよかった」

と嘆いているニュースが報道された。

「富」を独り占めにした場合には、他人からの「妬《ねた》み」がどれほど強烈なものであるかという好例であるが、「喜び」も独り占めにすると「いい気」になって悲惨な日に遭う。これは「高慢」にたいする戒めでもある。

これとは逆に、喜びを共に分かち合う精神（心のありかた）が、戦後の日本の企業が発展してきた真の要因である、と私は考えている。

社会の発展に必要な「シナジー効果」を考えてみても、複数の人間が集まって協力し合い、その過程（プロセス）で個人の意見が全体に反映されるというときに、もっとも重要な役割をはたすのが、

「成功を共に喜ぶ」

という心のはたらきではないだろうか。

ところが、現在では、多くの人が「自分一人の成功」だけを望むようになり、「喜びの独り占め」を考えるようになってしまった。

このことは「宝くじ」だけに限らず「大企業病」を患ってしまっている企業にも公務員にも当てはまるものと思われるが、多くの人が「自分の出世」だけを考えるようになると、どうしても周りの人の足を引っ張らなければならないような状況ができあがってしまう。

戦後の日本では、組織じたいが成長していたために、この弊害はそれほど意識されることがなかった。しかし、現在では組織は成長するより収縮する場合が多いために、よりいっそう、この傾向が強まっている。全体が大きくなっていく「円」の社会が、いまでは二極分化の「ひょうたん」型になってしまったのである。

だが、右のような人々の意識が変わらない限り「本当の経済成長」を達成することは難しいのではないかと思われるが、大きな流れからいえば「価値観の大転換」に結びつく今の世の中は新たな局面へと進んでいる。だから、いま起こっていることは、ほんとうの意味での「創造的破壊」なのである。

§　人類の進歩と東洋学

いま、西洋と東洋の文明がちょうど交代する時期にさしかかっている。

四書五経の一つに『大学』があり、この書こそ、東洋学の「真髄」を表わしているものと考えられるが、それは「宋」の時代に『礼記』の一部を取り出したものといわれる。この点についても「文明法則史学」の偉大さに感服せざるをえない。それは、もともと『礼記』ができたのが、紀元前430年ころと伝えられているのだが、その約一六〇〇年後である「宋」の時代に、ふたたびこの文章が脚光を浴びたからである。

このことが意味することは、人々の「心の方向性」が一六〇〇年ごとに同じ方角を向き、そのときに人々が「価値」を見いだすもの（価値観）が同じになるということである。そして、この法則を使えば、今後の世の中が的確に予想できるのだが、

「世の中は確実に進歩している」

ということだけは、絶対に頭に入れておかなければならない。

つまり、一六〇〇年前とは違って、現在では科学技術や生産力などが格段に向上しているために、この「違い」を考えながら今後の予測をすることが必要なのである。

では、なぜ『大学』が東洋学の真髄を表わしているのかというと、それは最初の2ページで、東洋学のすべてを網羅しているからである。このために「宋」の時代の偉人たちがこの短い文章に大いに感激したのだが、とくに最初の文章が素晴らしい。

「大学の道は、明徳を明らかにするにあり、民に親しむにあり、至善に止まるにあり」

この言葉のなかに「人間の尊厳性」や「人類の進むべき方向性」がまるまる凝縮して表現されているのである。

具体的に考えてみよう。

「明徳を明らかにする」

とは、「人間と動物との違いをはっきりさせる」ということである。

そして「民に親しむにあり」とは、「人間とは状況の変化に応じて色々な行動をするものであり、時には戦争なども引き起こすことを理解する」ということである。

そして、これらのことを踏まえたうえで「至善に止まる」という。それは「人間として最高の社会を築くこと」こそが人類がめざす方向であるという意味になる。

たしかに、現在の世の中を見ていると、この理想からは、はるかに遠い状態に見えるが、大きな歴史のサイクルのなかでは必要な時期なのである。

希望は「人類の進歩」にある。

その道は、過去の歴史を徹底的に研究することにより「まったく新たな社会を築く」ということであり、このことが実践されない場合には、残念ながら、ふたたび「歴史は不幸を繰り返す」しかないのである。

$ 天の貯金とコンピューターマネー

東洋学では、頻繁に「天」という言葉が出てくる。

このことは、西洋人が、さかんに「神」という言葉を使うのと同様の意味を持っている。

そして、昔の人々は「あの世」と「この世」の違いをきちんと理解していたのである。

「あの世」などというと、現在の人々は、どこか浮世離れした人の妄想のように感じるかもしれないが、いまの「自分」がこの世に存在する不思議について、思いをめぐらせてみてほしい。

そして、自分という「存在」は、

「やがては死を迎える」

という冷厳な真理についてである。

東洋の思想では、死というのは「あの世へ引越しをする」ということであり、時間が経てば、また「この世へと戻ってくる」ことを意味している。

また、この世で「徳を積む」というのは、「天に貯金をする」ことであり、この世での成功は「天の貯金を引き出す」ことを意味しているのである。

そこで「天の貯金」とは、「先祖の遺徳」という存在であり、先祖が積み立ててくれていた「天の貯金」を子孫が引き出すことであり、人生の経験を数多く積めば積むほど、このことを実感をもって理解できるようになる。

もっと積極的にいえば、「人のために働く」（はたの人をらくにする）というように、この世でしか天に預金をすることはできない。だから「一生懸命に働いた人が報われない」という場合には、それは「天に大きな貯金をした」ということであり、その子孫は大きな恩恵を被ることになるのである。

このように「銀行預金」という資産と「天の貯金」とを比較すると、「この世」の財産と「あの世」の財産の総額は、いつも不変（同額）なのではないかと考えられる。

このことはまた、人を見る場合にも「天に貯金をしている人」と「天の貯金を使っている人」

とに別れることになるが、このことが「徳のある人」と「徳のない人」との違いともいえるのである。

ところが、現代人の場合には「この世での成功」だけを重視するために、「この世の自分が先祖の恩恵を被っている」ということを、つい忘れてしまう。

そして、銀行預金が増えると喜ぶのだが、実際には「天の貯金」が少なくなっていることには気がつかないでいるのである。

現在の世の中は大量の「お金」が存在する時代である。

ということは、すでに過去数百年間の「先祖の遺徳」を完全に食い潰したのではないか、とも考えられる。この兆候のひとつが、現在の「商品価格の高騰」なのだが、日本のように資源のない国においては、この影響は大きく現われてくるだろう。

日本は技術立国である。だが、その原材料はほとんど海外から輸入し、それを「加工」することによって発展してきた。この点を、私たちは絶対に忘れてはいけない。マネー経済などは人間の実際の暮らしには、ほとんど役に立たない世界なのである。

日本人がもつ本当の「優秀さ」とはなにか。

今後の混乱の時代を切り抜けるために、いま、それが問われている。

化石燃料の大量消費時代には、それにふさわしい「省エネ技術」が必要とされ、おなじように環境破壊にたいしては「環境保全技術」がなければ、それこそ地球がつぶれてしまう。

いま、中国をはじめ、世界中が資本主義化し、かつての日本の「公害」の何十倍という規模で環境問題が切実になっているのである。

だからこそ、いまが、日本人のもつ「技術」をフルに発揮するチャンスである。それは間違いなく、世界中に「徳を積む」ことにつながっていくだろう。

世界の希望は日本人のＤＮＡから
あとがきにかえて

西洋人は「狩猟民族」であり、東洋人は「農耕民族」であるといわれる。

たしかに、その違いは体形や考えかたの特徴にも現われているが、

「なぜ、１６００年サイクルのなかで西洋と東洋の時代が８００年ごとに交代するのか」

という理由もそこにあるように思われる。

西暦１２００年から２０００年までが「西洋の時代」であった。

そこでは、人々は「目に見えるもの」に価値観を置き、徐々に「自分のこと」だけを考え、行動するようになっていった。その結果として、物質文明を代表する「お金」の量が増加していったのだが、最終段階では「２京６０００兆円」という、とんでもないデリバティブ・バブルを創ってしまったのである。

しかし、これだけの金額を、はたして実際に使うことが可能なのだろうか。
世の中にある商品を、どれだけ買うことができるかを考えてみると、かつて「日本の土地バブル」のときには、日本の土地を売ると「日本以外の世界中の土地をすべて買える」とまでいわれた。いまでは、その一〇倍のお金があるのだから、こんどは「地球がいくつ買えるか」という話になる。

これは、あまりにもバカげた妄想であり、結局は単なる「観念上の計算」「机上の理屈」でしかない。私たちの日常の生活感覚からあまりにもかけ離れた「数字」は、ようするに人間の「想像上の産物」でしかない。だが、戦後の日本人は、過去数百年間に西洋文明の生みだした物質至上主義の価値観（お金がすべて）に完全に染まってしまった。

しかし、それが「崩壊」したあとには新しい時代がやってくる。

本文でも述べたように、これからの800年間は「東洋の時代」を迎えることになるのである。この歴史サイクルの大転換点にこそ、今後の「救い」や「希望」がある。

西洋の「狩猟民族」の特徴を一言でいえば、目の前にあるものを「奪い取る」という思想と行動であった。そこでは「他人のこと」などを考える必要はなく、獲物を「一刻も早く奪い取る」という暴力とスピードの考えがどうしても支配的になってくる。

べつの言葉でいえば「時は金なり」であり、「どのような手段・行動をとろうとも、最終的には、たくさんのお金を持つこと」が人生の目的である、という考えに染まっていったともいえよう。

その結果として、物質文明が栄え、いっぽうで精神的な文明が忘れ去られていった時代であった。

これとは反対に、「農耕民族」の意識と行動は、植物を慈しみ、育むという「心」が出発点になる。ここでは、天候（与えられるもの＝恵み）を考慮し、他人との共同作業が必要とされる。べつの言葉でいえば「時は命（いのち）なり」という考えかたに変わっていくものと思われるが、本当の「よろこび」とは、「他人との関り合い」のなかで生まれるものである。「自分のこと」だけを考えていたのでは、最終的には「孤独」という地獄に陥ってしまい、

「けっして真の幸福は得られない」

ということを意味している。

このような観点から、私は一刻も早く現在のバブルが弾けることを願っているのだが、そのときにこそ「東洋の真髄」が姿を現わしてくるものと信じている。

その真髄とは、「お金そのものには、ほんらい何の価値もない」という現実を理解する能力と、本当の「働き」を知ることのできる精神である、といってもいいだろう。

六〇年前、焼け野原になった当時の日本人が持っていた「何か」とは、いわば農耕民族の魂

が極東に伝播した、この東洋のDNAであるといっても過言ではない。

こんどは「金融敗戦」という焼け野原を迎える日本人にも、その遺伝子のかたまりが表面に現われ出てくるものと私は考えている。

日本には「世界の奇跡」と呼ばれるものが色々と存在する。

そのなかでも際立っているのが「伊勢神宮」の姿である。この神社は二千年ものあいだ、形を変えることなく、伝統が受け継がれてきた。二〇年ごとの「遷宮」である。そのさいの独特の神社建築の見事さもさることながら、それは、日本人の魂の象徴としてあるのではないか。たんなる大工技術の伝承にとどまらず、精神的な日本の文明・文化（簡素＝いさぎよさ）も受け継がれてきたものと思われる。今後の世界を予測する場合には、このことが大きなヒントになると私は考えているのである。

「奪い合い」は戦いを生み、「分け合い」は平和を生む。このことには、だれも異論はないであろう。かつて古代ローマの時代には、戦いにより他国を侵略し、多くの人を奴隷にすることから「擬似的な平和」が生まれた。つまり、この時代は、かならずしも「真の平和」を享受した期間ではなかったといえよう。

このことが「パックス・ロマーナ」（ローマの平和）と呼ばれるものだが、それは現在同様に「お金」の奴隷になった人たちが、心の不安を感じながら、日々享楽的な生活を送った時代であった。しかし、その後の「東ローマ帝国」では、このような時代に対する猛反省が生まれ、物質よりも精神的な文明へと、急速に「人々の心」が向かって行ったのである。

残念なことに、現在の歴史のテキストは西洋史が中心になっていて、東洋のことがよくわからないという一つの困難がある。しかし、「心の座標軸」を使えば、この間の変化がよくうかがえるのである。

「心の座標軸には予測機能がついている」

ということも面白い点のひとつである。

つまり、「人間の進歩」というものを頭に入れながら、歴史的サイクルを使って、将来を予測することができる。この作業をとおして、今後の数百年、数千年も予測可能であるが、具体的には今後の８００年間は「東洋が栄える」時代であるのは間違いがない。すでに、この傾向は、現在でも、徐々に現われ始めてきたようだ。

そこでの特徴は、物質文明のみの繁栄ではなく、「地球との共生」を中心に、他人も自分も「栄える」という「真の平和」が模索される時代になる。そして、そのために必要な「技術」が生みだされ、環境を破壊することなく「人々が喜んで生活をする時代」がやってくる。現在の原油価格の上昇は、新たな省エネ技術、環境保全技術の必要性を、新たな「需要」として生みだすのである。

このように、一見すると私たちに不利な状況も、すべてが意義のある・必要な「ものごと」なのである。

これまでの歴史もそうであり、善いも悪いもなく、すべてが必要な人間の「いとなみ」であった。こうして、歴史が積み重ねられていき、人類はさらに進歩していく。

私にとっては、デリバティブ・バブルが存在しなかったら「お金の謎」が解けなかったし、これほどまでの「環境破壊」がなかったら、人類は「地球との共生」という問題など真剣には考えなかったであろう。

「世の中に存在するものに無駄なものなど何一つない」

これが歴史の真実である。

そして、いまほど、この言葉が重みを持つ時代はない。大切なことは、けっして悲観的な考えに支配されるのではなく、自分の「やりたい仕事」を楽しく喜んでおこなうことに、本当の幸せがある。このことをよく理解し、

「他人も自分も同時に良くなる仕事」

を着実に実行した人たちが、次の時代を「創る」ことになるのである。

おかげさまで、私も今年、五十歳を迎えることができた。いわゆる「知命」の歳である。

現在、感じていることは、それぞれの人に固有の「使命」があり、そのために時間をつかっ

ているときこそが「至福の時」であるという真理である。

これまでに「苦しい」と思ったことも度々あった。だが、そのときが「成長の時」であり、成功したと思ったときが「堕落」の始まりではないかと自戒するときもあった。

いま、歴史をじっくり眺め直してみると、

「どのような時代も、すべての人が一所懸命に努力した産物である」

ということを、しみじみと感じる。

一七世紀に、ニュートンが「万有引力」を発見したときから、科学の進歩が始まった。

だが、これからは、まちがいなく「心」の時代にはいる。その「心の法則」の解明のために、私の「心の座標軸」がお役に立てば、これにまさる喜びはない。

本間　裕（ほんま　ゆたか）
1954年　新潟県生まれ。
1977年　東京外国語大学卒業後、大和証券入社。
1983年　ロチェスター大学経営大学院修士課程（ＭＢＡ）修了。
その後、アメリカ大和、大和香港、本社エクイティ部で株式担当を歴任。
2000年５月　同社退社後、投資顧問会社の代表取締役をつとめる。

1999年から、日本証券新聞に「本間宗究」のペンネームでコラムを連載中。西洋学と東洋学、そしてマネー理論を総合した「本間理論」にもとづく現代分析と株式予想が好評を博している。1997年の「信用収縮」や2000年の「インターネットバブル崩壊」、そして2001年の「9・11・ワールド・トレードセンタービル事件」などを、ズバリ予測した。著書に『マネーの逆襲』（白順社）、『マネーの原点』（マルジュ社）がある。

マネーの精神！　―〈心の座標軸〉で読む人類の未来―

2005年８月11日　初版第１刷発行

著　者――本間　裕
装　幀――桑谷速人
編　集――上原雅雪
発行人――松田健二
発行所――株式会社社会評論社
東京都文京区本郷2-3-10
☎03(3814)3861　FAX.03(3818)2808
http://www.shahyo.com
印　刷――スマイル企画＋互恵印刷＋東光印刷
製　本――東和製本

ISBN4-7845-0869-4